T0131583

IT kompakt

Die Bücher der Reihe „IT kompakt" zu wichtigen Konzepten und Technologien der IT:

- ermöglichen einen raschen Einstieg,
- bieten einen fundierten Überblick,
- eignen sich für Selbststudium und Lehre,
- sind praxisorientiert, aktuell und immer ihren Preis wert.

Karl Eilebrecht · Gernot Starke

Patterns kompakt

Entwurfsmuster für effektive Softwareentwicklung

6., erweiterte und aktualisierte Auflage

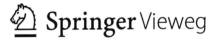

Karl Eilebrecht
Karlsruhe, Deutschland

Gernot Starke
Köln, Deutschland

ISSN 2195-3651 ISSN 2195-366X (electronic)
IT kompakt
ISBN 978-3-658-43233-1 ISBN 978-3-658-43234-8 (eBook)
https://doi.org/10.1007/978-3-658-43234-8

Die Deutsche Nationalbibliothek verzeichnet diese Publikation in der Deutschen
Nationalbibliografie; detaillierte bibliografische Daten sind im Internet über
https://portal.dnb.de abrufbar.

Planung/Lektorat: Petra Steinmueller
Springer Vieweg ist ein Imprint der eingetragenen Gesellschaft Springer
Fachmedien Wiesbaden GmbH und ist ein Teil von Springer Nature.
Die Anschrift der Gesellschaft ist: Abraham-Lincoln-Str. 46, 65189 Wiesbaden,
Germany

Das Papier dieses Produkts ist recyclebar.

Danksagung

Wir bedanken uns bei allen, die das Thema Patterns in der Softwareentwicklung begründet haben, in erster Linie der Gang-of-Four, Martin Fowler und Robert „Uncle Bob" Martin sowie den zahlreichen Autorinnen und Autoren der{Euro|Viking|Chili|.*}PloP-Konferenzen. Ihre Kreativität und Offenheit hat die Software-Welt besser gemacht! Herzlichen Dank auch unseren zahlreichen Kolleginnen und Kollegen sowie all jenen, die anlässlich von Gernots Seminaren und Schulungen regelmäßig für fruchtbare Diskussionen über Softwarearchitekturen, Software-Entwurf und Patterns sorgen. Stefan Wießner und Jürgen Bloß aus dem KOMPR-Team sei gedankt für Espresso und wertvolle Einsichten. Michael „Agent-M" Krusemark sowie Wolfgang Korn leisteten Erste Hilfe in C++. Schließlich geht unser Dank an Karsten Himmer nach Berlin für den ersten Hamster auf Pattern-Basis. Dr. Martin Haag und Markus Woll riskierten freundlicherweise vorab einen prüfenden Blick auf die Neuerungen der zweiten Auflage. Dmitry Dodin gab großartige „Formelumformungsnachhilfe" für Auflage Nummer 5. Allen Leserinnen und Lesern, die so fleißig Verbesserungsvorschläge per E-Mail geschickt haben, an dieser Stelle ein kollektives „Danke und weiter so"!

K. E.: Ich bedanke mich bei meinen Kolleginnen und Kollegen für anregende Diskussionen und natürlich bei meinen Eltern für ihre Geduld.

G. S.: Ich danke meiner Traumfrau Cheffe Uli sowie meinen Kindern Lynn und Per, ihr seid die bestmögliche Familie. Danke auch an Karl – es macht riesigen Spaß, mit Dir Bücher zu schreiben!

Einleitung

„This book is meant to be played,
rather than to be read in an armchair".
Jerry Coker et al.:
Patterns for Jazz, Studio P/R, 1970

Wozu benötigen wir Entwurfsmuster?

Entwurfsmuster lösen bekannte, wiederkehrende Entwurfs-
probleme. Sie fassen Design- und Architekturwissen in kompak-
ter und wiederverwertbarer Form zusammen. Sowohl in der Softwareentwicklung als auch bei der Softwarearchitektur bieten
Entwurfsmuster wertvolle Unterstützung bei der Wiederverwendung erprobter Designentscheidungen. Sie geben Hinweise,
wie Sie vorhandene Entwürfe flexibler, verständlicher oder auch
performanter machen können.

In komplexen Software-Projekten kann der angemessene Einsatz von Mustern das Risiko von Entwurfsfehlern deutlich senken.

Warum ein weiteres Buch über Entwurfsmuster?

Seit dem Kultbuch der berühmten „Gang-of-Four" [GoF] hat es
viele Konferenzen und noch mehr Literatur zu diesem Thema gegeben – der Fundus an verfügbaren Entwurfsmustern scheint
nahezu grenzenlos: mehrere tausend Druckseiten, viele hundert

Seiten im Internet. Für Praktikerinnen und Praktiker inmitten von Projektstress mit konkreten Entwurfsproblemen stellt sich das Problem, aus der Fülle der verfügbaren Muster die jeweils geeigneten auszuwählen. Wenn Sie sich mit Softwarearchitektur, -design oder -entwicklung befassen, benötigen Sie Unterstützung bei konkreten Entwurfsproblemen, und das auf möglichst engem Raum konzentriert.

Für solche Situationen haben wir dieses Buch geschrieben: Es erleichtert den Entwurf flexibler, wartbarer und performanter Anwendungen, indem es das Wissen der umfangreichen Pattern-Literatur auf praxisrelevante Muster für kommerzielle Software-Systeme konzentriert. Die kompakte Darstellung erleichtert den Überblick und damit die Anwendbarkeit der ausgewählten Muster.

Ganz bewusst verzichten wir bei den vorgestellten Mustern auf ausführliche Implementierungsanleitungen und Beispielcode in gedruckter Form. Anstelle dessen erhalten Sie Hinweise auf weitere Informationsquellen und finden ausführbare Beispiele auf unserer Webseite (siehe [PK]). Die Praxis-Erfahrenen unter Ihnen können anhand der kompakten Darstellung die Entwurfsentscheidung für oder gegen den Einsatz bestimmter Muster treffen. Grundlegende Kenntnisse einer objektorientierten Programmiersprache und der UML setzen wir in diesem Buch voraus.

Ein Wort zur Vorsicht

> *„Used in the wrong place,*
> *the best patterns will fail".*
> Jerry Coker et al.:
> Patterns for Jazz, Studio P/R, 1970

Patterns eignen sich hervorragend zur Kommunikation über Entwurfsentscheidungen. Sie können helfen, Ihre Entwürfe flexibler zu gestalten. Häufig entstehen durch die Anwendung von Patterns jedoch zusätzliche Klassen oder Interfaces, die das System aufblähen. Eine der wichtigsten Regeln beim Software-Entwurf lautet: Halten Sie Ihre Entwürfe so einfach wie möglich. In diesem

Sinne möchten wir Sie, trotz aller Begeisterung für Entwurfsmuster, zu vorsichtigem Umgang mit diesen Instrumenten auffordern. Ein einfach gehaltener Entwurf ist leichter verständlich und übersichtlicher. Hinterfragen Sie bei der Anwendung von Mustern, ob Ihnen die Flexibilität, Performance oder Wiederverwendbarkeit nach der Anwendung eines Musters einen angemessenen Mehrwert gegenüber dem ursprünglichen Entwurf bieten. In Zweifelsfällen wählen Sie das einfachere Konzept.

Die meisten Entwurfsmuster in diesem Buch konzentrieren sich auf objektorientierte Systeme. Fans strikt funktionaler Sprachen (etwa Haskell, Clojure), deklarativer Programmierung (etwa Prolog, SQL) oder solcher Sprachen, die mehreren Paradigmen folgen (etwa Scala, Erlang, Go) mögen uns verzeihen, dass wir auf ihre „Lieblinge" nicht gesondert eingehen – sonst hätten wir das Buch nicht so kompakt halten können.

Die Pattern-Schablone

Wir haben für dieses Buch bewusst eine flexible Schablone für Muster gewählt und ergänzende Informationen je nach Pattern aufgeführt.

- **Zweck**: Wozu dient das Pattern?
- **Szenario** (noch weitere Teile sind optional): Ein Beispielszenario für das Pattern oder das Problem.
- **Problem/Kontext**: Der strukturelle oder technische Kontext, in dem ein Problem auftritt und auf den die Lösung angewendet werden kann.
- **Lösung**: Die Lösung erklärt, wie das Problem im Kontext gelöst werden kann. Sie beschreibt die Struktur, hier meist durch UML-Diagramme. Christopher Alexander, Begründer der Pattern-Bewegung, selbst schreibt dazu: „Wenn Du davon kein Diagramm zeichnen kannst, dann ist es kein Muster." [Alexander], S. 267.
- **Vorteile**: Welche Vorteile entstehen aus der Anwendung dieses Patterns?

- **Nachteile**: In manchen Fällen können durch die Anwendung eines Musters Nachteile entstehen. Dies ist häufig der Fall, wenn gegensätzliche Aspekte (wie etwa Performance und Flexibilität) von einem Muster betroffen sind.

- **Verwendung**: Hier zeigen wir Ihnen Anwendungsgebiete, in denen das Muster seine spezifischen Stärken ausspielen kann.

- **Varianten**: Manche Patterns können in Variationen oder Abwandlungen vorkommen, die wir Ihnen in diesem (optionalen) Abschnitt erläutern.

- **Verweise**: Dieser Abschnitt enthält Verweise auf verwandte Muster sowie auf weiterführende Quellen.

Sorry

Ungewöhnlich – eine Entschuldigung am Anfang eines Buches: Wir möchten Sie schon jetzt um Nachsicht bitten, falls wir Ihr Lieblings-Pattern in unserer Darstellung ignorieren. Leider müssen wir aus dem riesigen Fundus interessanter Patterns eine relativ kleine Auswahl treffen – und daher viele Muster außen vorlassen. Architektur- oder Cloud-Patterns etwa bilden eigene Universen, die wir nicht abdecken können. Es tut uns wirklich leid um Blackboard (eine wichtige Grundlage regel- oder wissensbasierter Systeme), um die vielen Patterns der Systemintegration, um die technikspezifischen Muster und Idiome und viele andere. Aber in diesem Buch finden Sie eine solide Basis und Verweise auf weitere interessante Literatur – und wir bleiben natürlich dran, versprochen!

Inhaltsverzeichnis

Grundlagen des Software-Entwurfs

1

Für den Entwurf von Softwaresystemen gelten einige fundamentale Prinzipien, die auch die Basis der meisten Entwurfsmuster bilden. Im Folgenden stellen wir Ihnen einige dieser Prinzipien kurz vor. Detaillierte Beschreibungen finden Sie in [Riel], [Eckel], [Fowler] sowie [Martin2].

Als weitere Hilfe stellen wir Ihnen einige Heuristiken vor: allgemeine Leitlinien, die Sie in vielen Entwurfssituationen anwenden können. [Rechtin] und [Riel] bieten umfangreiche Sammlungen solcher Heuristiken zum Nachschlagen. [Rechtin] bezieht sich dabei grundsätzlich auf (System-)Architekturen, [Riel] gezielt auf objektorientierte Systeme.

Sowohl Prinzipien als auch Heuristiken können Ihnen helfen, sich in konkreten Entwurfssituationen für oder gegen die Anwendung eines Entwurfsmusters zu entscheiden.

1.1 Entwurfsprinzipien

Einfachheit vor Allgemeinverwendbarkeit

Bevorzugen Sie einfache Lösungen gegenüber allgemeinverwendbaren. Letztere sind in der Regel komplizierter. Machen Sie normale Dinge einfach und besondere Dinge möglich.

© Springer-Verlag GmbH Deutschland, ein Teil von Springer Nature 2024
K. Eilebrecht, G. Starke, *Patterns kompakt*, IT kompakt,
https://doi.org/10.1007/978-3-658-43234-8_1

Prinzip der minimalen Verwunderung

(Principle of least astonishment) Erstaunliche Lösungen sind
meist schwer verständlich.

Vermeiden Sie Wiederholung

(DRY: Don't Repeat Yourself, OAOO: Once And Once Only) Vermeiden Sie Wiederholungen von Struktur und Logik, wo sie nicht
unbedingt notwendig bzw. sinnvoll sind. Betrachten Sie diese
Empfehlung bitte nicht als Dogma. Wiederholung kann an-
gebracht sein, wenn ihre strikte Vermeidung zu unerwünschten
technischen oder organisatorischen Abhängigkeiten führt. Unter
[INNOQ] finden Sie einen interessanten Vortrag, der diese Problematik anhand eines Beispiels erläutert.

Prinzip der einzelnen Verantwortlichkeit

(Single-Responsibility Principle, Separation-of-Concerns) Jeder
Baustein eines Systems sollte eine klar abgegrenzte Verantwortlichkeit besitzen. Auf objektorientierte Systeme gemünzt heißt
das: Vermeiden Sie es, Klassen mehr als eine Aufgabe zu geben.
Robert Martin formuliert es so: „Jede Klasse sollte nur genau
einen Grund zur Änderung haben." [Martin], S. 95. Beispiele für
solche Verantwortlichkeiten (nach [Larman]):

- Etwas wissen; Daten oder Informationen über ein Konzept
  kennen.
- Etwas können; Steuerungs- oder Kontrollverantwortung.
- Etwas erzeugen.

Das Prinzip ist auch auf Methodenebene anwendbar. Eine Methode sollte für eine bestimmte Aufgabe zuständig sein und nicht
(durch Parameter gesteuert) für mehrere. [Martin2] legt das sehr
streng aus und fordert sogar den Verzicht auf boolesche

Steuer-Flags. Eine Methode wie `writeOutput(Data data, boolean append)` müsste dann in zwei Methoden gesplittet werden. Wir sehen das etwas weniger streng und empfehlen, dass eine Methode eine durch Methodennamen und Kommentar ersichtliche Aufgabe erfüllen und keine undokumentierten Seiteneffekte haben sollte. Unter der Überschrift *Command/Query-Separation Principle* fordert [Meyer], dass eine Methode, die eine Information über ein Objekt liefert, nicht gleichzeitig dessen Zustand ändern soll.

Offen-Geschlossen-Prinzip

(Open-Closed Principle) Software-Komponenten sollten offen für Erweiterungen, aber geschlossen für Änderungen sein. Es ist eleganter und robuster, einen Klassenverbund durch Hinzufügen einer Klasse zu erweitern, als den bestehenden Quellcode zu modifizieren. Dieses Prinzip ist eng verwandt mit dem Prinzip der einzelnen Verantwortlichkeit und ebenso auf Methodenebene anwendbar. Eine entsprechende Klasse oder Methode wird *nur* im Rahmen der Verbesserung oder Korrektur der Implementierung geändert (geschlossen für Änderungen). Neue Funktionalität wird dagegen durch eine neue Klasse bzw. Methode hinzugefügt (offen für Erweiterung). Einige Patterns (z. B. → Strategy (Abschn. 3.5) oder → PlugIn (Abschn. 6.3)) unterstützen dieses Prinzip.

Prinzip der gemeinsamen Wiederverwendung

(Common Reuse Principle) Die Klassen innerhalb eines Pakets sollten gemeinsam wiederverwendet werden. Falls Sie eine Klasse eines solchen Pakets wiederverwenden, können Sie alle Klassen dieses Pakets wiederverwenden. Anders formuliert: Klassen, die gemeinsam verwendet werden, sollten in ein gemeinsames Paket verpackt werden. Dies hilft, zirkuläre Abhängigkeiten zwischen Paketen zu vermeiden.

Keine zirkulären Abhängigkeiten

(Acyclic Dependency Principle) Klassen und Pakete sollten keine zirkulären (zyklischen) Abhängigkeiten enthalten (siehe Abb. 1.1). Solche Zyklen sollten in der Softwarearchitektur Teufelskreise heißen: Sie erschweren die Wartbarkeit und verringern die Flexibilität, unter anderem, weil Zyklen nur als Ganzes testbar sind. In objektorientierten Systemen können Sie zirkuläre Abhängigkeiten entweder durch Verschieben einzelner Klassen oder Methoden auflösen, oder Sie kehren eine der Abhängigkeiten durch eine Vererbungsbeziehung um.

Prinzip der stabilen Abhängigkeiten

(Stable Dependencies Principle) Führen Sie Abhängigkeiten möglichst in Richtung stabiler Bestandteile ein. Vermeiden Sie Abhängigkeiten von volatilen (d. h. häufig geänderten) Bestandteilen.

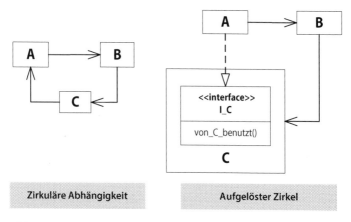

Abb. 1.1 Auflösung von Abhängigkeitszyklen

Liskov'sches Substitutionsprinzip

(Liskov Substitution Principle) Unterklassen sollen anstelle ihrer Oberklassen einsetzbar sein. Sie sollten beispielsweise in Unterklassen keine Methoden der Oberklassen durch leere Implementierungen überschreiben. Stellen Sie beim Überschreiben von Methoden aus einer Oberklasse sicher, dass die Unterklasse in jedem Fall für die Oberklasse einsetzbar bleibt. Denken Sie besonders beim Design von Basisklassen und Interfaces an dieses Prinzip. Unbedacht eingeführte Methoden, die später doch nicht für alle Mitglieder der Klassenhierarchie passen, werden Sie nur schwer wieder los.

Prinzip der Umkehrung von Abhängigkeiten

(Dependency Inversion Principle) Implementierungen, die eine Methode oder einen Service nutzen, sollten möglichst von Abstraktionen (d. h. abstrakten Klassen, Interfaces, API-Definitionen), nicht aber von konkreten Implementierungen abhängig sein (siehe Abb. 1.2). Abstraktionen dürfen nicht von konkreten Implementierungen abhängen.

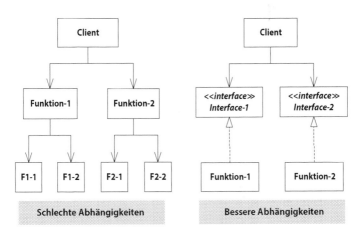

Abb. 1.2 Umkehrung von Abhängigkeiten

Prinzip der Abtrennung von Schnittstellen

(Interface Segregation Principle) Clients sollten nicht von Diensten abhängen, die sie nicht benötigen (siehe Abb. 1.3). Interfaces gehören ihren Clients, nicht den Klassenhierarchien, die diese Interfaces implementieren. Entwerfen Sie Schnittstellen nach den Clients, die diese Schnittstellen brauchen.

In [Fowler] finden Sie eine Variante dieses Prinzips unter der Bezeichnung *Separated Interface* als Pattern beschrieben (siehe Abb. 1.4). Die Schnittstellen liegen dabei von ihren Implementierungen getrennt in eigenen Paketen. Zur Laufzeit müssen Sie eine konkrete Implementierung auswählen. Dafür bieten sich → Erzeugungsmuster (Kap. 2) oder auch → PlugIn (Abschn. 6.3) an.

Prinzip solider Annahmen

Bauen Sie Ihr Haus nicht auf Sand! Die Gefahr versteckter Annahmen zieht sich durch den gesamten Prozess der Software-Entwicklung. Das beginnt bereits damit, dass Sie nicht einfach davon ausgehen können, dass Sie vorhandene Strukturen wie

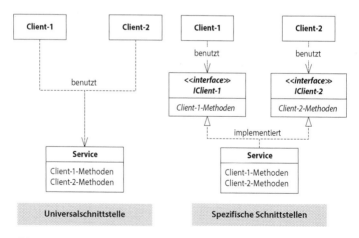

Abb. 1.3 Abtrennung von Schnittstellen

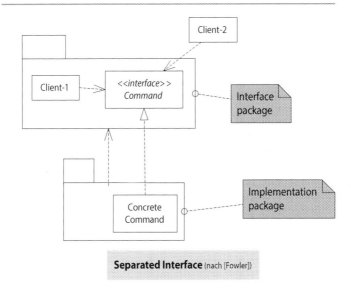

Abb. 1.4 Paket-Trennung: Separate Implementierung

einen verteilten Cache für Ihre Applikation mitbenutzen dürfen. Besonders unangenehm können Annahmen auch auf der Implementierungsebene sein. Vor Jahren wurde in einem Forum eine Strategie beschrieben, mit der angeblich ein bekanntes Problem mit der Java Garbage Collection umgangen werden könnte. Ein wenig skeptisch, aber doch neugierig, bat ich (K. E.) um eine Erklärung anhand von Fakten wie der Spezifikation oder weiterführender Dokumentation. Das Resultat war eine ziemliche Abfuhr: „[…] Great. Feel free to program to what the API says. And I will continue to program to what the API actually does […]". Nun, auf den ersten Blick klingt diese Argumentation geradezu verlockend plausibel. Andererseits machen Sie sich dabei jedoch abhängig von einer ganz bestimmten Implementierung – ohne jede Garantie. Interfaces verlieren ihren Sinn. Es bildet sich ein Nährboden für Legenden und versteckte Fehlerquellen, bevorzugt in Verbindung mit verschiedenen Releases oder Plattformen.

Nicht fundierte oder gar implizite Annahmen über Systeme oder Schnittstellen sollten Sie also unbedingt vermeiden!

Falls dies nicht möglich ist, z. B. bei der Verwendung un-
fertiger oder mangelhaft dokumentierter Module bzw. bei der
Erstellung von Prototypen, dokumentieren Sie Ihre Annahmen
sorgfältig.

Konvention vor Konfiguration

(Convention over Configuration, Configuration by Exception) Bei
diesem Ansatz wird die Konfiguration eines Frameworks oder
einer Software-Komponente durch Konventionen und sinnvolle
Voreinstellungen erleichtert.

In der Software-Entwicklung sind, bedingt durch den Einsatz
komplexer Frameworks, sehr viele Einstellungen konfigurierbar,
beispielsweise mittels XML-, JSON oder YAML-Dateien. Der
Höhepunkt war wohl mit EJB 2.1 erreicht. Entwicklerinnen und
Entwickler waren schon fast genötigt, weitere Frameworks (z. B.
xdoclet) einzusetzen, um die Konfigurationsseuche halbwegs in
den Griff zu bekommen. Bedingt durch die Einführung von An-
notationen im Quellcode und mit EJB 3 ist vieles besser geworden. Die Ursprungsfrage bleibt aber: Warum muss ich etwas
aktiv konfigurieren, wenn es doch in 99 % aller Fälle immer
gleich ist, einem einfachen Schema folgt oder schlimmstenfalls
für meine Anwendung völlig irrelevant ist?

Moderne Frameworks wie Spring (https://www.spring.io/) und
insbesondere Spring Boot drehen den Spieß um. Sie führen für
Framework-Einstellungen oder auch das Mapping von Entitäten
(siehe auch → O/R-Mapping (Abschn. 7.1)) strikte Konventionen
und Standardwerte ein. Hält man sich bei der Framework-
Verwendung an die Konventionen, muss man nur noch vergleichsweise wenig individuell einstellen. Nur in den Fällen, in denen
das geplante Szenario ein Abweichen von den Konventionen erfordert, ist Handarbeit nötig – dann allerdings meist viel. Dieses
Paradigma ist nicht nur auf Frameworks sondern auch auf kleinere Komponenten anwendbar, sofern diese Konfigurationsein-
stellungen vorsehen. Machen Sie sich Gedanken über Kon-

ventionen und sinnvolle Defaultwerte. Das erleichtert anderen, Ihre Software zu evaluieren und zu integrieren. Nachteilig ist, dass viel Arbeit in der Ausarbeitung langlebiger Konventionen steckt. Zudem werden Weiterentwicklungen und Änderungen aufwendiger.

Einen schönen Artikel von Nicholas Chen dazu finden Sie in [NCHEN].

Prinzip der Verhältnismäßigkeit

Prüfen Sie Ihre Entscheidungen immer mehrdimensional. Während der Begriff der Angemessenheit im Rahmen der Softwarequalität (ISO/IEC 25010) auf die erstellte Lösung, also das Produkt und seine Eigenschaften abzielt, geht es uns bei der Verhältnismäßigkeit auch um den Prozess der Entwicklung, den Betrieb und die spätere Wartung, also den kompletten Lebenszyklus. Oft müssen mehrere, nicht immer nur technische Aspekte sorgfältig gegeneinander abgewogen werden. Verhältnismäßigkeit bedeutet, Prioritäten zu erkennen und ggf. zu setzen. Beispielsweise ist Wiederverwendung eine gute Praxis. Eine bekannte Bibliothek sollten Sie einer Eigenimplementierung normalerweise vorziehen. Andererseits ist es nicht verhältnismäßig, wegen einer trivialen Funktion umfangreiche Abhängigkeiten in ein Projekt einzuschleppen. Damit wird nicht nur Ihr Deployment unnötig groß, Sie erhöhen auch die Risiken (z. B. Versionskonflikte, Sicherheit, Wartung). Auch auf der Architekturebene müssen ambitionierte Entwurfsentscheidungen immer mit der Realität abgeglichen werden. Die Einführung einer neuen Technologie oder eines neuen Paradigmas kann trotz offenkundiger technischer Vorteile unverhältnismäßig sein, wenn sich niemand außer Ihnen im Projekt damit auskennt, wenn dadurch die Architektur einen „exotischen Balkon" bekommt, wenn zu viele umgebende Abläufe verkompliziert werden, wenn damit unfundiert eine Richtungsentscheidung getroffen wird. Gespräche mit unterschiedlichen Beteiligten (aus Entwicklung, Test, Betrieb oder von der Fachseite) können Fehlentwicklungen vermeiden. ☺

1.2 Heuristiken des objektorientierten Entwurfs

Entwurf von Klassen und Objekten

- Eine Klasse sollte genau eine Abstraktion („Verantwortlichkeit") realisieren.
- Kapseln Sie zusammengehörige Daten und deren Verhalten in einer gemeinsamen Klasse (*Maximum Cohesion*).
- Wenn Sie etwas Schlechtes, Schmutziges oder Unschönes tun müssen, dann kapseln Sie es zumindest in einer einzigen Klasse.
- Kapseln Sie Aspekte, die variieren können (vgl. „information hiding"[Panas72],[Panas71]). Das → Bridge-Pattern (Abschn. 4.2) wendet diese Heuristik an.
- Vermeiden Sie übermäßig mächtige Klassen („Poltergeister" oder „Gott-Klassen").
- Eine Implementierung, die Methoden einer Klasse benutzt, soll ausschließlich von deren öffentlichen Schnittstellen abhängen. Klassen sollten nicht von aufrufenden Implementierungen abhängig sein. Anders formuliert: Wenn eine Methode mit sehr generischem Namen abhängig vom übergebenen Datentyp oder Parametern ein vollkommen anderes Verhalten zeigt, dann ist normalerweise etwas faul.
- Halten Sie die öffentlichen Schnittstellen von Klassen möglichst schlank. Entwerfen Sie so privat wie möglich.
- Benutzen Sie Attribute, um Veränderungen von Werten auszudrücken. Um Veränderung im Verhalten auszudrücken, können Sie Überlagerung von Methoden verwenden.
- Vermeiden Sie es, den Typ eines Objekts zur Laufzeit zu ändern. Einige Sprachen erlauben dies zwar mittels mehr oder weniger gut dokumentierter Hacks. Dies geschieht dann aber in der Absicht, eine existierende Instanz zu einem anderen Typ kompatibel zu machen. Es ist deutlich besseres Design, ein solches Problem mit dem → Decorator-Pattern (Abschn. 4.3) oder dem State-Pattern (s. [GoF]) zu lösen. Das .NET-

Framework bietet zudem die Möglichkeit der *Extension-Methods* [Troelson]. In einigen Sprachen können Sie (nachträglich) eine implizite Konvertierung definieren (z. B. *Scala implicits*), was zu kurzem, sehr elegantem Code führt. Wem aber schon einmal auf mysteriöse Weise Kommastellen in einer SQL-Berechnung abhandengekommen sind, der weiß, dass alle implizite weiße Magie ihre Schattenseiten hat!

- Hüten Sie sich davor, Objekte einer Klasse als Unterklassen zu modellieren. In der Regel sollte es von abgeleiteten Klassen mehr als eine einzige Instanz geben können. Ausgenommen sind *Algebraische Datentypen* (siehe [EKL2011]) wie z. B. Enumerationen.
- Wenn Klassen besonders viele `getX()`-Methoden in der öffentlichen Schnittstelle enthalten, haben Sie möglicherweise die Zusammengehörigkeit von Daten und Verhalten verletzt.
- Halten Sie sich bei der Modellierung von Klassen möglichst nah an die reale Welt. Streben Sie bei Analyse- und Design-Modellen nach strukturellen Ähnlichkeiten.
- Vermeiden Sie überlange Argumentlisten. Darunter leidet die Übersichtlichkeit von Methodenaufrufen. Verschieben Sie die Methode in eine andere Klasse oder übergeben Sie höher aggregierte Objekte als Argumente.

Beziehungen zwischen Klassen und Objekten

- Minimieren Sie die Abhängigkeiten einer Klasse (*Minimal Coupling*).
- Viele Methoden einer Klasse sollten viele Attribute dieser Klasse häufig benutzen. Anders formuliert: Wenn viele Methoden nur mit wenigen Attributen arbeiten, dann haben Sie möglicherweise die Zusammengehörigkeit von Daten und Verhalten verletzt.
- Eine Klasse sollte nicht wissen, worin sie enthalten ist.
- Regel von Demeter (Law of Demeter, LoD): „Reden Sie nicht mit Fremden", d. h., ein Objekt sollte nur sich selbst, seine At-

tribute oder die Argumente seiner Methoden referenzieren. Kennen Sie das Spiel Halma? Man springt möglichst weite Pfade über viele Spielsteine hinweg, um schnell ans Ziel zu kommen. Diese *transitive Navigation* sollten Sie bei der Software-Entwicklung vermeiden [Martin2]. Aufrufe wie `outputHandler. getCurrentDestination().getFile().getSize()` zeigen einen Verstoß gegen LoD und deuten auf ein schlechtes oder unvollständiges Interface hin. Im Beispiel könnten Sie das Design verbessern, indem Sie die Klasse `OutputHandler` um eine Methode `getBytesWritten()` erweitern.

Vererbung und Delegation

- Verwenden Sie Vererbung nur zur Modellierung von Spezialisierungen. Lassen Sie sich nicht auf das Miterben unnötiger oder sogar unpassender Eigenschaften bzw. Methoden ein. Beispiel: Die Klasse „Fahrrad" hat praktischerweise schon eine Klingel. Würden Sie „Haustür" von „Fahrrad" ableiten, um etwas Zeit zu sparen? ☺
- Keine Oberklasse sollte etwas über ihre Unterklassen wissen.
- Abstrakte Klassen sollten Basisklassen ihrer Hierarchie sein bzw. nur von abstrakten Klassen ableiten.
- Falls mehrere Klassen A und B nur gemeinsame Daten besitzen (aber kein gemeinsames Verhalten), dann sollten diese gemeinsamen Daten in einer eigenen Klasse sein, die in A und B enthalten ist.
- Vermeiden Sie es, den Typ einer Klasse explizit zu untersuchen. Verwenden Sie stattdessen Polymorphismus.
- Eine von einer Oberklasse geerbte Methode sollte nicht mit einer leeren Implementierung überschrieben werden (Verletzung des Liskov'schen Substitutionsprinzips).
- Vermeiden Sie Mehrfachvererbung. Genauer: Vermeiden Sie mehrfache Implementierungsvererbung. Mehrfache Schnittstellenvererbung hingegen ist unproblematisch.
- Bevorzugen Sie, wenn möglich, Schnittstellen (*Interfaces*) gegenüber abstrakten Klassen.

Verteilung

- Martin Fowlers Heuristik zur verteilten Datenverarbeitung: Vermeiden Sie Verteilung, wo immer möglich. Die Welt ist auch ohne Verteilung komplex genug (vgl. [Fowler]).
- Angemessen eingesetzt kann Verteilung die Flexibilität oder Skalierbarkeit von Systemen verbessern.

Nebenläufigkeit

(Concurrency) Moderne Mehrkernprozessoren lassen sich mit einem einzelnen Thread nicht auslasten. Schon deshalb lohnt sich die Beschäftigung mit dem Thema. Leider ist und bleibt Multithreading kompliziert. Es ist ein bisschen wie mit Zeitreisen: Solange Sie nichts anfassen und mit niemandem reden, kann eigentlich nichts schief gehen. Andernfalls *können* interessante Dinge passieren (fragen Sie mal Homer Simpson, in „Zeit und Sühne"). Sie sollten also gut überlegen, ob Sie im geplanten Szenario wirklich Nebenläufigkeit benötigen.

- Schätzen Sie ab, ob Sie durch mehrere Threads wirklich etwas gewinnen. Ist der Zeitgewinn relevant?
- Entwickeln Sie zunächst eine funktionierende Lösung mit nur einem Thread, erst dann eine mit mehreren.
- Müssen die Threads über *shared state* kommunizieren oder bietet sich Messaging (*actor based concurrency*) an? Letzteres erfordert zwar ein Umdenken in der Entwicklung, schirmt Sie aber vor vielen Seiteneffekten des Zugriffs auf gemeinsam genutzte Speicherbereiche ab. Eine Reihe von Sprachen und Frameworks unterstützen dieses Konzept, Beispiele sind Scala, F#, GPars oder Kilim (für Java). Allen Interessierten empfehlen wir zudem, sich mit dem Aktor-Modell (etwa: Akka-Framework) oder den Goroutines der Sprache Golang zu beschäftigen. Dort sehen Sie, wie Nebenläufigkeit auch ohne die Stolperfallen von Threads und konkurrierenden Variablen-Updates funktionieren kann.

- Prüfen Sie, ob es hinsichtlich Speicherverbrauch, Performance und Konsistenz akzeptabel ist, die Threads mit exklusiven Kopien der Daten arbeiten zu lassen (vgl. [Martin2]). Damit können nen Sie die Problematik des *shared state* umgehen oder zumindest die Zahl der Synchronisationspunkte reduzieren.
- Sie sollten bei der Einführung jedes neuen Objekts abwägen, ob Sie seine Attribute final deklarieren können. Solche unveränderlichen (immutable) Instanzen sind *consistent by design*. Das klingt banal, aber ich (K. E.) sehe immer wieder, wie dieser Vorteil leichtfertig verschenkt wurde. Späteres Refactoring in diese Richtung ist meist mühsam.
- Informieren Sie sich, was die von ihnen präferierte Sprache (z. B. Java, C# etc.) oder Umgebung (z. B. Applikationsserver) zu bieten hat. Teilprobleme wurden wahrscheinlich bereits von klugen Köpfen vor Ihnen gelöst und sauber gekapselt. Andere Sprachen wurden auf höchste Single-Thread-Performance getrimmt und mögen *na(t)ives* Multithreading nicht besonders, obwohl sie dieses anbieten (siehe www.dabeaz.com/python/ UnderstandingGIL.pdf).
- Synchronisieren Sie an wohlüberlegten Punkten. Optimal sind wenige kurze Synchronisationsblöcke. Die Verwendung mehrerer (unterschiedlicher) Sperren kann die Performance zwar verbessern, erhöht aber die Wahrscheinlichkeit von Implementierungsfehlern dramatisch.
- Mit Synchronisation ist das Leben schon schwer genug. Morbide Begriffe wie „Livelock", „Deadlock" und „Tödliche Umarmung" verdeutlichen, dass Sie sich jeden Schritt genau überlegen müssen. Nun gibt es da noch die Königsdisziplin der Lockvermeidung oder gar Lock-freien Programmierung. Wir raten Ihnen dringend, sich nicht leichtfertig zu Experimenten verführen zu lassen. Sie müssen sehr viel über interne Abläufe, das Speichermodell und die herrschenden Garantien der Laufzeitumgebung wissen, um auf diese Weise sichere Programme zu schreiben. Unglücklicherweise können Sie Ihre Ergebnisse nicht einmal vernünftig testen, denn nebenläufigkeitsinduzierte Fehler sind so gut wie nicht reproduzierbar. Sie sind subtil und gemein. Wenn Sie sich dennoch auf dieses Abenteuer einlassen, beschaffen Sie sich die Dokumentation und arbeiten

Sie nach den Buchstaben des Gesetzes, pardon, der Spezifikation. Mythen sind das Letzte, was sie dabei gebrauchen können. Seien Sie sich auch bewusst, dass Sie quasi die Rolle eines Hochspannungstechnikers gewählt haben, stellen Sie Warntafeln auf. Eine spätere Änderung durch jemanden, der die Materie nicht ganz so durchblickt, kann den Code schwer beschädigen.

• [JLS3], [Martin2], [LangKreft] sowie [LangKreft2] liefern wertvolle Informationen zu Java und dessen Speichermodell.
• Zu .NET und zum Verhalten der CLR ist [Duffy] lesenswert.
• [POSA-4] erläutert einige Muster zu Nebenläufigkeit und Synchronisation.

1.3 Grundprinzipien der Dokumentation

Zu Entwürfen gehört eine angemessene Dokumentation fast selbstverständlich dazu. Auch dazu möchten wir Sie an einige Grundprinzipien erinnern:

• Dokumentieren Sie aus der Sicht Ihrer Leser. Denken Sie bei der Wahl Ihrer Ausdrucksmittel an die Leser, weniger an sich selbst.
• Beschreiben Sie grundsätzlich das *Warum*, nicht das *Wie*. Wie etwas modelliert oder implementiert wird, steht schon im Quellcode oder im Modell. Geben Sie bei der Benutzung von Entwurfsmustern an, welche Vorteile Sie durch das Pattern erwarten oder welche Gründe gegen mögliche Alternativen sprechen. Ein schlimmes Beispiel für die „Wie-statt-Warum-Sünde" ist folgendes Programmstück:

```
//
// i wird um 1 erhoeht
i = i+1;
//
```

Leider ergibt sich aus dieser Regel ein Dilemma: Gute APIs sollten vollständig sein; was also tun bei „Kleinstmethoden"

wie `getName()` oder parameterlosen Konstruktoren, bei
denen weder das *Wie* noch das *Warum* einer Erklärung be-
dürfen? Kommentare wie „returns the name" erscheinen nutzlos. Obwohl wir schon kontroverse Diskussionen zu diesem
Thema geführt haben, möchten wir Ihnen aus persönlicher Erfahrung nahelegen, *immer* einen Methodenkommentar zu
schreiben und dieses „immer" ausnahmslos durchzuhalten. Sie
ersparen sich damit jede Überlegung, ob ein Kommentar ge-
rechtfertigt ist. Bedenken Sie, dass Sie beim Schreiben von
Code maximale Kontextinformation besitzen und möglicherweise auch Zusammenhänge für trivial halten, die anderen
oder selbst Ihnen nach drei Monaten schleierhaft sind. Immer
einen Methodenkommentar zu schreiben, heißt, stets noch einmal über den Methodennamen, die Methodenparameter, die
Methodenaufgabe und nicht zuletzt vielleicht auch über even-
tuelle Methodenbenutzer nachzudenken. Das zahlt sich im Allgemeinen aus.

• Dokumentieren Sie alle Annahmen, die Sie treffen. Dazu gehören auch die „Verträge", die Ihre Komponenten (Klassen,
Objekte, Methoden, Funktionen) untereinander abschließen.

• Dokumentieren Sie Ihre Sünden. Es kommt nun einmal vor,
dass wir eine Sache nicht perfekt machen, sei es aus Zeitnot,
oder weil wir erst am Ende merken, dass der Ansatz unglück-
lich ist. Auch gibt es Situationen, in denen die Lösung ausreichend ist, man aber das Gefühl hat, wenn nächstes Jahr die
XY-Komponente dazukommt, dann wird das aber eng. Vielleicht keimt dabei auch eine Idee auf, was man verbessern
könnte. Wir raten Ihnen, schreiben Sie es auf, gegebenenfalls
direkt in einem Sourcecode-Kommentar. Robert Martin sieht
das in [Martin2] etwas anders und merkt an, dass solche Kommentare von Übel seien, weil sie den Lesefluss stören und
schnell inkonsistent zum Code werden. Nicht umsonst heißt
sein Buch *Clean Code*. Es ist natürlich besser, schlechten Code
direkt zu ersetzen, als ihn mit Kommentaren auszupolstern.
Auch haben Kommentare die unangenehme Eigenschaft,
manchmal länger zu leben als der Code, den Sie vermeintlich
beschreiben. So weit sind wir mit Robert Martin auf einer
Linie. Wenn Sie die Möglichkeit haben, packen Sie das Übel

an der Wurzel, und das ist der Code. Es gibt aber Situationen, in denen Sie gerade kein Refactoring durchführen können (oder dürfen). Termindruck, Budgetende, mangelhafte Testabdeckung (ach, gibt's bei Ihnen natürlich nicht?), aber auch Erschöpfung sind gute Gründe, nicht sofort mit einem Refactoring zu beginnen. Auch sind Ihre Kolleginnen und Kollegen drei Tage vor Release nicht direkt erfreut, wenn Sie mal eben mit der Pumpgun die Landschaft der Klassen und Interfaces umgestalten, weil Ihnen eine (funktionierende) Lösung nicht gefallen hat. In diesen Fällen, in denen Sie das Übel nicht abstellen können oder dürfen, obwohl Sie eine gute Idee hätten, sollten Sie einen Kommentar hinterlassen. Vermeiden Sie Ausreden, Rechtfertigungen oder gar Verschleierungen, sondern geben Sie Hinweise. Wenn erst einmal eine Unterbrechung da ist, kann es leider passieren, dass das Refactoring viel später oder vielleicht auch niemals durchgeführt wird. Kommt es aber doch zu einer Überarbeitung des Codes, kann Ihr Kommentar hilfreich sein.

- Vermeiden Sie auch in der Dokumentation Wiederholungen (DRY-Prinzip).

- In Dokumentationen sollten Sie Konzepte und Festlegungen, die beim Leser möglicherweise Verwunderung auslösen, ansprechen und erläutern, gegebenenfalls durch spezifische Architektursichten.

- Bekämpfen Sie Mehrdeutigkeiten: Formulierungen könnten beim Lesen anders interpretiert werden als gewünscht, mit möglicherweise fatalen Konsequenzen.

- Erklären Sie Ihre Notation: Solange Sie die Bedeutung von Symbolen offenlassen, bleibt Spielraum für Interpretation, Mehrdeutigkeiten (s. o.) und Missverständnisse. Sie sollten es Ihren Leserinnen und Lesern möglichst einfach machen, die Bedeutung von Symbolen und Diagrammen so zu verstehen, wie Sie es gemeint haben. Im Optimalfall verfügt jedes Diagramm über eine Legende und informiert über die Bedeutung der verwendeten Symbole.

- Dokumentieren Sie in einem angemessenen Umfang, nicht zu wenig, aber auch nicht zu viel. Das ist zugegebenermaßen ein schwieriger Ratschlag. Vergleichen Sie Ihre Dokumentation mit derer anderer (möglichst ähnlicher) Projekte. Wenn sich Ihre Dokumentation davon in Struktur und Umfang massiv unterscheidet, sollten Sie die Angemessenheit prüfen.

- Beschränken Sie Diagramme auf sieben +/− zwei Elemente. Eine Regel der kognitiven Psychologie (*Miller's Law*, siehe [MIL55]) besagt, dass der Mensch im Kurzzeitgedächtnis nur zwischen fünf und neun Elemente speichern kann. Vermeiden Sie tapetengroße Diagramme zur Klärung von Detailfragen. Bisweilen fördern die angesprochenen Wandtapeten (z. B. das komplette Datenmodell in DIN A1) allerdings die Teamkommunikation, wenn sie an der richtigen Stelle aufgehängt werden 😊.

- Verwenden Sie standardisierte Strukturen. Etablieren Sie Mechanismen und Ablageorte für wichtige Dokumentation. Stellen Sie sicher, dass Ihre Leser die Strukturen kennen. Das hilft ungemein, Informationen wiederzufinden!

- Kennzeichnen Sie offene Punkte. Falls Informationen noch nicht verfügbar sind, sollten Sie, anstatt Abschnitte oder Überschriften wegzulassen, solche Teile mit kurzen Kommentaren kennzeichnen. Vermeiden Sie dabei leere Überschriften (degenerierte Kapitel). Schreiben Sie zumindest einen Hinweis dazu.

- Prüfen Sie Dokumente auf Zweckdienlichkeit. Untersuchen Sie beim Review von Dokumenten mehr als nur Formalien. Fragen Sie verschiedene Projektbeteiligte in unterschiedlichen Rollen nach deren inhaltlichem Urteil und ihrer Meinung.

- Halten Sie Dokumente mit vertretbarem Aufwand aktuell. Veraltete oder realitätsferne Dokumentation ist nutzlos. Da Pflege von Dokumentation Aufwand kostet, sollten Sie andererseits gründlich prüfen, welche Art der Dokumentation Sie überhaupt noch benötigen. Dabei hilft Ihnen die Liste der Projektbeteiligten. Kennzeichnen Sie veraltete Dokumente, die nicht mehr verwendet und gepflegt werden, um Missverständnisse und „falsche Pflege" zu vermeiden.

- Releasen Sie Implementierungsdokumentation mit dem Code. Steckt die Dokumentation mit dem Source-Code im selben git-Projekt, bestenfalls derselben Paketstruktur folgend, steigt die Chance für Aktualität und Pflege erheblich. Es gibt das

Bonmot „Wiki und CMS sind die Orte, wo Dokumente zum Sterben hingehen." Diese Gemeinheit enthält leider ein paar Körnchen Wahrheit. Die schönste Dokumentation veraltet rasend schnell, wenn die Pflege mühsam ist oder die Ablage zu weit entfernt ist. Schlimmstenfalls hat jemand keinen Zugriff oder kennt das Dokumentationssystem bzw. -projekt nicht einmal. Letzteres kann beispielsweise passieren, wenn die Verantwortlichkeit für eine Komponente an ein anderes Entwicklungsteam übergeben wird. Vor diesem Hintergrund empfehlen wir Ihnen, sich Markdown (https://markdown.de/) einmal genauer anzusehen. Die Sprache bietet alles, was zur Code- und Architekturdokumentation erforderlich ist. Grafiken lassen sich als Bilder einbinden. Innerhalb eines Repos und sogar innerhalb einer Markdown-Datei können Sie beliebig verlinken. Da viele gute Markdown-Editoren kostenlos erhältlich sind und alle großen SCM-Plattformen (z. B. github.com oder gitlab.com) die Darstellung von Markdown direkt unterstützen, ist diese Form der Beschreibung sehr bequem. Zudem wird Ihre Dokumentation mit dem Code versioniert. Ein ebenfalls nicht zu unterschätzender Faktor ist Zeit. Editiervorgänge sind wesentlich schneller erledigt als mit jedem Web-basierten Dokumentenmanagementsystem.

• Wir möchten Ihnen – auch für kleinere Projekte – den Einsatz eines Issue-Trackers empfehlen. Das Wichtigste bei der Auswahl des Produkts ist nicht die Anzahl der gebotenen Features, sondern Geschwindigkeit und einfache Bedienung. Die Erfassung bzw. Kommentierung sollte nicht mehr als 20 s bis 1 min kosten. E-Mail sollte angebunden sein. Wenn es erst einmal in Fleisch und Blut der Projektmitglieder übergegangen ist, Tickets für Aufgaben und festgestellte Probleme anzulegen und die jeweilige Nummer an allen referenzierenden Stellen (Versionskontrolle, gegebenenfalls im Quellcode, Zeiterfassungssoftware) anzugeben, profitieren alle davon. Neben der Änderung und einem begründenden Kommentar in der Versionskontrolle bleibt so im Optimalfall der gesamte Entscheidungsprozess erhalten. Ergänzend kann ein Projekt-WIKI ihre Dokumentationsinfrastruktur abrunden.

Erzeugungsmuster

2

2.1 Abstract Factory (Abstrakte Fabrik)

Zweck

Es wird eine Schnittstelle bereitgestellt, um Familien verbundener oder abhängiger Objekte zu erstellen, ohne die konkreten Klassen zu spezifizieren (vgl. [GoF]).

Szenario

Die Geschäftslogik Ihrer Software beinhaltet eine Reihe von Geschäftsobjekten (z. B. Adresse, Auftrag etc.). Das geschäftliche Umfeld erfordert es, dass Datensatzmengen verschiedener Kundenfirmen wiederholt importiert werden müssen. Letztere liefern die Daten in eigenen Formaten an und machen fachliche und rechtliche Vorgaben zur korrekten Abbildung (Transformation) in Ihre Geschäftslogik. Dabei kann es vorkommen, dass zwei Firmen das gleiche technische Format verwenden, aber unterschiedliche Vorstellungen über die fachliche Verarbeitung haben. Auch der umgekehrte Fall ist denkbar. Das Lesen der Kundendaten und die Transformation sind folglich zu trennen. Pro Importvorgang muss stets ein korrektes Klassenpaar (*Reader, Transformer*) für das Einlesen und Verarbeiten der Daten verwendet werden, wobei

© Springer-Verlag GmbH Deutschland, ein Teil von Springer Nature 2024
K. Eilebrecht, G. Starke, *Patterns kompakt*, IT kompakt,
https://doi.org/10.1007/978-3-658-43234-8_2

die beiden Klassen in keiner Weise gekoppelt sind. Die Steuerung des Imports kann durch eine allgemeine Controller-Klasse realisiert werden. Auf den ersten Blick muss diese die Lese- und Verarbeitungsklassen für alle erdenklichen Situationen kennen und die Auswahl pro Anwendungsfall und Kundenfirma treffen. Damit erreichen Sie jedoch eine enge Kopplung und daraus resultierend eine denkbar schlechte Wartbarkeit bzw. Erweiterbarkeit der Controller-Klasse.

Problem/Kontext

Sie müssen Familien (sich fremder) Objekte in einem Zusammenhang erzeugen, können oder wollen die konkreten Klassen aber noch nicht spezifizieren, sondern nur Interfaces festlegen.

Lösung

Betrachten Sie die Erzeugung als eigene Verantwortlichkeit. Technisch gesehen definieren Sie zunächst abstrakt die Familienmitglieder (im Beispiel Reader und Transformer) und ebenfalls abstrakt eine Fabrik zur Erstellung der Familie (abstract factory, siehe Abb. 2.1).

In einem zweiten Schritt führen Sie für jede konkrete Familie eine konkrete Fabrik ein. Sie erhalten so eine Menge in sich geschlossener Klassenverbände (Fabriken und Produkte). Diese können Sie in der Konfiguration des Systems hinterlegen. In einem konkreten Anwendungsfall (im Beispiel ein Import für Firma X) kann dann dynamisch die passende konkrete Fabrik ausgewählt und verwendet werden. Die übrige Applikation greift ausschließlich auf Schnittstellen zu. Konkrete Implementierungen bleiben verborgen. Im Beispiel ist es für den Controller ohne Bedeutung, welche Reader-Implementierung bzw. welche Transformationsvariante zum Einsatz kommt.

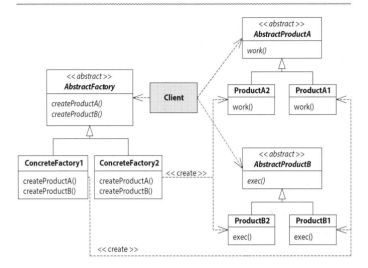

Abb. 2.1 Abstract Factory

Vorteile

Der Client ist nur an die Schnittstellen gekoppelt und wird so von konkreten Klassen abgeschirmt. Im Client erscheint an keiner Stelle Code, der nur für spezielle Anwendungsfälle oder eine besondere technische Anbindung relevant ist. Somit können Sie die konkreten Anbindungsklassen getrennt voneinander entwickeln.

Die Instanziierung der Fabrik erfolgt nur einmal, wobei der Klassenname in einer Konfigurationsdatei festgelegt wird und die Instanziierung via Reflection ablaufen könnte. Das macht Bereitstellung und Austausch der Objektfamilien einfach. Es ist zudem sichergestellt, dass immer nur Mitglieder einer Familie zur gleichen Zeit im Einsatz sind. Letztlich vereinfacht dieses Muster auch den Test der übrigen Applikation [SteMa]. Im Beispiel könnten Sie dazu eine Test-Factory bereitstellen, die einen Dummy-Reader und einen Dummy-Transformer erzeugt.

Nachteile

Mit der abstrakten Fabrik haben Sie die Basismethoden zur Erzeugung aller Klassen des Verbunds festgelegt. Stellt sich nun später heraus, dass Sie ein weiteres „Familienmitglied" aufnehmen müssen, wird es kompliziert, weil eine große Anzahl von Klassen betroffen ist. Je nachdem, wie lange das System bereits im Einsatz ist, können viele Implementierungen, die Sie oder Dritte bereitgestellt haben, betroffen sein. Es ist also eine genaue Analyse der „Objektfamilienmitglieder" notwendig, bevor die Methoden der abstrakten Fabrik festgelegt werden.

Verwendung

Setzen Sie dieses Entwurfsmuster ein, wenn

- ein System unabhängig davon sein muss, wie bestimmte Objekte erstellt werden,
- ein System mit unterschiedlichen „Objektfamilien" konfiguriert werden muss,
- unterschiedliche Objekte immer in einem Zusammenhang erstellt werden müssen,
- Sie ein Set zusammenhängender Objekte bereitstellen müssen, aber keine konkrete Implementierung, sondern nur Interfaces vorgeben möchten.

Varianten/Strategien

Wird nur eine konkrete Fabrik benötigt, können Sie auf eine Abstraktion (im Bild *AbstractFactory*) verzichten. Man spricht dann schlicht von Factory bzw. vom Factory-Pattern.

Verweise

Auf [PK] finden Sie ein weiteres Abstract-Factory-Beispiel mit
lauffähigem Code zum Experimentieren.

Kit, Toolkit: Diese Begriffe werden synonym verwendet.

→ Singleton (Abschn. 2.4): Eine konkrete Fabrik kann auf
diese Weise realisiert werden.

→ Factory Method (Abschn. 2.3): Die Methoden der Abstract
Factory sind Factory-Methoden.

→ Registry (Abschn. 9.3), → Dependency Injection
(Abschn. 6.5): Mit diesen Mustern können Sie Parameter für die
„Familienmitglieder" bereitstellen [GoF], [SteMa].

2.2 Builder

Zweck

Die Erzeugung komplexer Objekte wird vereinfacht, indem der
Konstruktionsprozess in eine spezielle Klasse verlagert wird. Er
wird so von der Repräsentation getrennt und kann sehr unterschiedliche Repräsentationen zurückliefern.

Szenario

Ihre Software für Versandhäuser soll erweitert werden. Es geht
um die Erstellung und Validierung einer Bestellung bei unterschiedlichen Versandarten. Ihre bisherige Lösung definiert einen
OrderValidator, der Objekte des Typs ValidOrder parametrisiert
instanziiert und zurückgibt oder aber eine Exception wirft. Die
Rückmeldungen sind sehr positiv, es existieren bereits mehrere
Anfragen weiterer Versandhäuser. In der Anforderungsanalyse
haben Sie festgestellt, dass die Wünsche für den Aufbau und die
Validierung der Bestellungen (Versandarten, Steuern, Tarife etc.)
sehr unterschiedlich sind. Sie stehen vor dem Problem, dass für
jedes Kundenszenario der OrderValidator und insbesondere der

Konstruktor von ValidOrder erweitert werden müssten, was langfristig zu völlig unwartbarem Code führen würde.

Problem/Kontext

Sie müssen einen Konstruktionsprozess für komplexe Objekte
entwickeln. Es wird eine schrittweise Erzeugung angestrebt,
deren Ergebnis unterschiedliche Repräsentationen sein können.
Der Programmteil (*Client*), der die Erzeugung des komplexen
Objekts beauftragt, soll unabhängig von dessen Bestandteilen und
dessen Zusammenbau bleiben (vgl. [GoF]).

Lösung

Trennen Sie die Konstruktion des Produkts (hier das ValidOrder-
Objekt) von der Generierung seiner Bestandteile (hier Versand-
posten, Empfänger, voraussichtliche Dauer, Zahlungsart, Gesamt-
summe etc.). Der bisherige OrderValidator könnte dazu im Beispiel
erhalten bleiben, um die einzelnen Operationen zum Aufbau einer
gültigen Bestellung in der richtigen Reihenfolge auszuführen.
Diese Rolle wird als Director (Verantwortlichkeit: *was* zu tun ist)
festgelegt. Das Interface des Directors beinhaltet ausschließlich
`construct(...)`-Methoden für das Gesamtprodukt. Im Beispiel könnten Sie den Umfang des OrderValidators auf eine einzige Methode `constructOrder(`*Bestelldaten*`)` reduzieren.
Neu hinzu kommt der Builder (Verantwortlichkeit: *wie* es zu tun
ist), der zunächst abstrakt definiert wird. Im betrachteten Szenario
könnten Sie eine abstrakte Klasse OrderBuilder einführen, welche
die notwendigen Operationen (`setZahlungsArt(...)`,
`setEmpfaenger(...)`, `calcGesamtSumme(...)` etc.)
definiert. Konkrete Builder werden zur Realisierung spezieller Er-
zeugungsvarianten erstellt. Im Beispiel könnten Sie für jedes
Versandhaus eine konkrete OrderBuilder-Unterklasse definieren
(siehe Abb. 2.2).
   Der Erzeugungsablauf hat sich geändert (siehe Abb. 2.3).
Clients instanziieren zunächst ein passendes konkretes Builder-

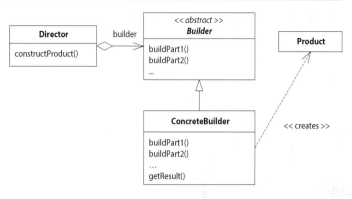

Abb. 2.2 Builder

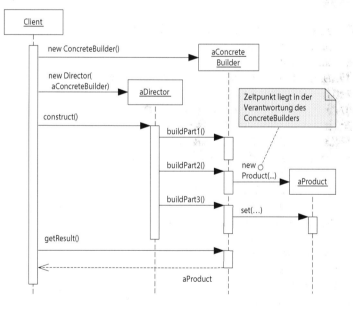

Abb. 2.3 Builder: Ablauf

Objekt (im Beispiel OrderBuilder) und initialisieren damit einen Director (hier OrderValidator). Dann ruft das Client-Objekt dort die entsprechende `construct(...)`-Methode (hier `constructOrder(`*Bestelldaten*`)`) auf.

Innerhalb dieser Operation werden nun die Methoden des konkreten Builders aufgerufen. Bei Erfolg kann sich die Client-Instanz an diesem Objekt mit einer speziellen `getResult()`-Methode das fertige Produkt (im Beispiel ValidOrder) abholen. Der Konstruktionsprozess für das Produkt wird von Detailentscheidungen getrennt. Das Vorgehen führt durch die Kapselung von Verantwortlichkeiten zu einer Aufteilung in Module.

Vorteile

Aufgrund der Modularisierung kann die Anwendung besser erweitert und gewartet werden. Neue Builder können Sie einfach integrieren. Zudem ist die Wiederverwendung einmal erstellter Builder-Klassen durch andere Director-Implementierungen möglich. Einen weiteren Vorteil stellt die „zeitlich gestreckte" Konstruktion des Produkts dar. Bis zum Abholen des Produkts kann der Erstellungsprozess sehr fein kontrolliert werden. Wenn im Beispiel das Setzen einer falschen Zahlungsart fehlschlägt, könnte bei entsprechender Implementierung des Builders nach erfolgter Korrektur die Konstruktion fortgesetzt werden, ohne die vorangegangenen Berechnungsschritte zu wiederholen. Dies ist ein entscheidender Vorteil gegenüber einer konventionellen (direkten) Konstruktion. [SteMa] weisen explizit auf die Möglichkeit hin, Resource Management und Fehlerbehandlung im Builder anzusiedeln. Im Beispielszenario gibt Ihnen die Modularisierung zusätzlich die Möglichkeit, einige OrderBuilder nur an bestimmte Versandhäuser auszuliefern. Zudem wird die Entwicklung mit mehreren Teams erleichtert.

Nachteile

Ein Nachteil liegt in der engen Kopplung zwischen Produkt, konkretem Builder und den am Konstruktionsprozess beteiligten

Klassen. Änderungen am Produkt erfordern häufig auch Änderungen an weiteren Klassen [SteMa].

Verwendung

Setzen Sie dieses Entwurfsmuster ein, wenn

- Sie den Algorithmus zur Erzeugung eines komplexen Objekts von der Bereitstellung der Bestandteile trennen möchten (vgl. [GoF]), um das Verfahren austauschbar zu machen,
- ein Konstruktionsprozess verschiedene Repräsentationen erlauben soll (vgl. [SteMa]),
- das zu erzeugende Objekt komplexe interne Strukturen besitzt und Sie die Beschaffung der benötigten Referenzen oder die Auflösung von Abhängigkeiten nicht innerhalb eines Konstruktors oder einer Factory umsetzen wollen (vgl. [SteMa]). Es ist sogar denkbar, einen Builder auf die Rolle eines primitiven Sammlers für Konstruktionsparameter zu reduzieren. Sie können das Builder-Pattern beispielsweise einsetzen, um benötigte Objekte aus einem Datenstrom „zu fischen", der zwar alle erforderlichen Daten liefert aber leider unpassende Strukturen. Sie übergeben die aus dem Strom gelesenen Informationen nach und nach an den Builder und holen später die erzeugte Objektinstanz ab.
- Fluent-APIs, wie sie häufig für die Konstruktion von Konfigurationsobjekten zum Einsatz kommen, sind technisch gesehen verschachtelte Builder, bei denen jeder Schritt zudem das aktuelle Interface definiert (welche Operation ist als nächstes möglich?) und erst dann eine Methode zum Abholen des fertigen Objekts anbietet, wenn dies sinnvoll ist.

Verweise

→ Abstract Factory (Abschn. 2.1): Das Muster trennt ebenfalls den Konstruktionsprozess von der Repräsentation. Allerdings erfolgt dort die Konstruktion in einem Schritt und nicht in mehreren.

→ Composite (Abschn. 4.8): Das Builder-Muster wird oft zur Konstruktion von Kompositum-Objekten verwendet [GoF], [SteMa].

→ Registry (Abschn. 9.3), → Dependency Injection (Abschn. 6.5): Mit diesen Mustern können Sie Parameter für die verschiedenen ConcreteBuilder-Instanzen bereitstellen.

2.3 Factory Method (Fabrik-Methode)

Zweck

Es wird eine Schnittstelle für die Erzeugung von Objekten definiert. Die Entscheidung, welche konkrete Klasse zu instanziieren, zu konfigurieren und schließlich zurückzugeben ist, wird konkreten (Unter-)Klassen überlassen, die diese Schnittstelle implementieren.

Szenario

Sie entwickeln Authentifizierungssysteme. Benutzerinnen und Benutzer erhalten nach erfolgter Authentifizierung ein entsprechendes Ticket, das Zugang zu Teilen des Systems gewährt oder auch verwehrt. Bisher existiert dazu eine Ticket-Klasse, die Attribute zur weiteren Klassifikation sowie eine Reihe von Methoden definiert. Die Attribute werden aus der Systemkonfiguration ermittelt und im Konstruktor des Tickets gesetzt. Einsatzbereich und Größe des Systems haben sich inzwischen verändert. Nicht für alle Ticket-Arten sind sämtliche Attribute und Methoden definiert; die Personalnummer betrifft beispielsweise nur Angestellte. Es muss nun an vielen Stellen immer wieder der Tickettyp anhand der Attribute geprüft werden, bevor überhaupt Methoden aufgerufen werden. Das größte Problem ist jedoch, dass sich die Konfiguration der Tickets aus Sicherheitsgründen stark unterscheidet, je nachdem, wo im System (z. B. Intranet/Internet) die Authentifizierung stattfindet. Der bisherige universelle (also stark parametrisierte) Konstruktionsprozess ist schwer zu warten bzw. zu erweitern.

Problem/Kontext

Sie möchten bestimmte Objekte (Produkte) erzeugen. Dabei kennen Sie die konkreten Klassen noch nicht oder möchten den Herstellungsprozess erst später in Unterklassen festlegen. Die Entscheidung, welche dieser Klassen für die Erzeugung gewählt wird, soll zentral getroffen werden (vgl. [GoF]).

Lösung

Trennen Sie den Konstruktionsprozess von der Repräsentation. Definieren Sie zunächst eine neue abstrakte Klasse (*Creator*), die eine Methode (*Factory Method*) zur Erzeugung des Produkts definiert (siehe Abb. 2.4). Im Beispiel könnte das eine TicketFactory mit der Methode `createTicket(...)` sein, die ein Ticket liefert. Innerhalb der Fabrik-Methode (hier `createTicket(...)`) werden die relevanten Informationen zusammengetragen und das passende konkrete Produkt (hier ein Ticket) instanziiert, konfiguriert und zurückgegeben. Unterschiedliche Erzeugungsprozesse lassen sich realisieren, indem Sie mehrere

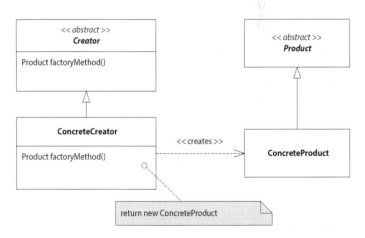

Abb. 2.4 Factory Method

konkrete Fabriken (*Concrete Creator*) von Creator ableiten. Im Beispiel könnten Sie InternetTicketFactory bzw. IntranetTicket-Factory als Unterklassen von TicketFactory implementieren.

Da Sie jetzt nicht mehr den Beschränkungen eines Konstruktors (genau definierter konkreter Typ) unterliegen, können Sie unterschiedliche konkrete Produkte einführen. Im Beispiel wären das verschiedene Tickets wie GuestTicket oder EmployeeTicket, die von der dann abstrakten Ticket-Klasse erben. Unterschiedliche Konstruktionsprozesse werden somit durch Einsatz spezifischer konkreter Herstellungsklassen (*Concrete-Creator*) realisiert. Diese implementieren die in der Schnittstelle (*Creator*) definierten Herstellungsmethoden (*Factory-Method*). Durch die Trennung des Konstruktionsprozesses von einer konkreten Repräsentation können unterschiedliche konkrete Produkte (*ConcreteProduct*) durch denselben Prozess erzeugt werden.

Anmerkung: Man kann es als Vor- oder Nachteil ansehen, dass das Pattern zwei eigentlich orthogonale Aspekte (*was* ist zu erzeugen und *wie* ist es herzustellen) gleichzeitig betrachtet. Das führt zu einer großen Anzahl an Varianten (s. u.).

Vorteile

Der Konstruktionsprozess ist gekapselt im Creator und somit austauschbar. Für Clients ist nur die Schnittstelle von Bedeutung. Sie können spezielle Aspekte durch unterschiedliche ConcreteCreators berücksichtigen, die unabhängig voneinander wartbar und erweiterbar sind. Default-Implementierungen der Fabrik-Methode im abstrakten Creator sind möglich. Damit sind Unterklassen nicht gezwungen, eine eigene Implementierung bereitzustellen. Ein weiterer Vorteil liegt darin, dass der Herstellungsprozess mehrere konkrete Produkte unterschiedlichen Typs erzeugen kann. Entscheidend ist die (abstrakte) Produkt-Schnittstelle. Daneben gibt es die Möglichkeit, wichtige Aufgaben (z. B. Abfrage der Systemkonfiguration) zentral im Creator oder einem der ConcreteCreators unterzubringen. Dieser kann einen internen Zustand verwalten und bei der Erzeugung berücksichtigen (z. B. laufende

Nummer). Zudem können Sie sicherstellen, dass in jedem Fall ein Produkt zurückgegeben wird – sogar im Fehlerfall (siehe auch → Null-Objekt (Abschn. 9.2)).

Nachteile

Ein ConcreteCreator ist stark an ein oder mehrere konkrete Produkte, die er herstellt, gekoppelt. Neue oder geänderte Produkte erfordern entweder die Implementierung eines neuen Creators oder die Anpassung ein oder mehrerer bestehender.

Verwendung

Setzen Sie dieses Entwurfsmuster ein, wenn

- eine Klasse die von ihr zu erzeugenden Objekte nicht im Voraus kennt [GoF],
- der Konstruktionsprozess in spezifischen Unterklassen realisiert werden soll [GoF],
- der Konstruktionsprozess an eine von mehreren speziellen Hilfs-Unterklassen delegiert werden muss und die Entscheidung, an welche dieser Klassen delegiert wird, an zentraler Stelle realisiert werden soll [GoF],
- zu Beginn bekannt ist, dass es mehrere Konstruktionsvarianten gibt, aber noch nicht, wie viele,
- der gleiche Konstruktionsprozess abhängig von bestimmten Parameterwerten oder inneren Zuständen sehr unterschiedlich ablaufen kann (vgl. [SteMa]).

Varianten/Strategien

- Es sind parametrisierte und parameterlose Fabrik-Methoden vorstellbar.
- Die Schnittstellen von Creator bzw. Produkt können auch als Interface realisiert werden.

- Die Basis-Creator-Klasse muss nicht abstrakt sein.
- Es ist vorstellbar, ein einziges konkretes Produkt und eine Reihe von Creators zu definieren. Der umgekehrte Fall ist ebenso denkbar.
- Sie können einen konkreten Creator pro konkretes Produkt definieren.
- Der Basis-Creator kann weitere Methoden anbieten, die intern realisiert sind, indem sie die Fabrik-Methode benutzen, um ein konkretes Produkt zu erstellen (implizite Benutzung einer Unterklassenimplementierung).

Verweise

Auf unserer Webseite (siehe [PK]) lernen Sie anhand eines weiteren Beispiels, wie Mrs. Freakly die Gutscheine für ihren Tante-Emma-Laden in Chicago erzeugt.

Virtual Constructor: Dieser Begriff wird synonym benutzt.

→ Abstract Factory (Abschn. 2.1).

Data Object.

[GoF], [SteMa].

2.4   Singleton

Zweck

Stellt sicher, dass nur genau eine Instanz einer Klasse erzeugt wird.

Problem/Kontext

Sie möchten sicherstellen, dass nur genau eine Instanz einer Klasse erzeugt wird.

Lösung

Beispiel einer Singleton-Implementierung in Java:

```java
public final class Singleton {
  private static Singleton theInstance = null;
  private Singleton() {};

  public static Singleton getInstance() {
    if (theInstance == null)
      theInstance = new Singleton();
    return theInstance;
  }
}
```

Beispiel einer threadsicheren serialisierbaren Singleton-Implementierung mit *später Initialisierung* in Java:

```java
public class Singleton implements Serializable {

  private static final class Internal {
    public static final Singleton instance;
    static {
      //hier könnte auch konfigurationsabhängig
      //eine Sub-Klasse via Reflection instanziiert
      werden
      instance = new Singleton();
    }
  }

  //Zustand (State) der Singletoninstanz, der nicht
  //serialisiert werden darf
  protected transient Object singletonState;

  protected Singleton() {/* … */};
  public static final Singleton getInstance() {
    return Internal.instance;
  }

  public Object readResolve() {
    return getInstance();
  }
}
```

Beispiel einer threadsicheren Implementierung in C#
(von den Gurus des Microsoft Developer Network, siehe
[MSDN1]):

```
using System;
    sealed class Singleton
    {
     private Singleton() { }
     public static readonly Singleton TheInstance =
    new Singleton();
     public void SayHello() {
      Console.WriteLine("hello, world");
     }
    }
    class MyApp {
    [STAThread]
    // main entry point
    static int Main(string[] args) {
    //  Singleton s = new Singleton(); // error!
     Singleton s = Singleton.TheInstance;
     s.SayHello();
     return 0;
    }
}
```

Vorteile

Einfach anwendbar, indem Sie ausschließlich private Konstruktoren implementieren und statische Zugriffsmethoden (s. a. → Factory Method (Abschn. 2.3)) hinzufügen.

Nachteile

Im Kontext verteilter oder *multi-threaded* Anwendungen kommt es mit Singleton häufig zu Problemen.

- Es ist aufwendig und schwierig, die Einmaligkeit eines Singletons über die Grenzen physischer Speicherbereiche (virtuelle Maschinen, Application-Server oder Ähnliches) sicherzustellen.
- Bei Parallelzugriffen (z. B., mehrere Personen nutzen die Anwendung gleichzeitig) kann ein Singleton einen Flaschenhals für die Performance darstellen.
- Die Zerstörung bzw. Entsorgung einer Singleton-Instanz ist problematisch, weil andere Clients möglicherweise Referenzen auf das Singleton behalten haben.

Varianten/Strategien

- Häufig werden für die Initialisierung der Singleton-Instanz weitere Informationen benötigt. Auf keinen Fall dürfen Sie dazu die `getInstance()`-Methode parametrisieren! Das hätte nämlich zur Folge, dass ein Aufruf, bei dem andere Parameter übergeben werden als beim ersten, eine falsche Rückgabe produziert, die nicht zu den angegebenen Parametern passt. In einem solchen Fall eine Exception zu werfen, würde zwar das Schlimmste verhindern, aber das eigentliche Problem nicht lösen. Die `getInstance()`-Methode taugt offenbar nicht zur Übergabe der Initialisierungsparameter für die Singleton-Instanz. Hinterlegen Sie solche Informationen beispielsweise in einer Registry oder einer Konfigurationsdatei. Sollen Clients die Initialisierungsparameter bestimmen, ist das Singleton-Pattern ungeeignet. Implementieren Sie stattdessen eine Factory, deren `create(...)`-Methoden (→ Factory Method (Abschn. 2.3)) einmal erzeugte Objekte anhand der verwendeten Parameter cachen.
- Falls Sie die Möglichkeit haben, die Initialisierung der Singleton-Instanz im Programmablauf explizit vor der ersten Verwendung durchzuführen, können Sie auch eine `initialize(...)`-Methode einführen. Eine robuste Implementierung sollte dabei eine Exception werfen, falls die `initialize(...)`-Methode mehrmals oder die `getInstance()`-Methode vor der Initialisierung aufgerufen wird.

- Wägen Sie genau ab zwischen den Vorteilen einer späten Initialisierung des Singletons (implizit durch `getInstance()`) und der vorgezogenen (beim Laden der Klasse oder durch eine `initialize(...)`-Methode). Bei Letzterer erfolgt die Konstruktion der Instanz möglicherweise zu früh oder unnötig.
- [GoF] beschreiben eine Variante des Singleton-Patterns, bei der es mehrere Instanzen gibt, die abwechselnd durch `getInstance()` zurückgegeben werden. Das ist nützlich, um Last auf mehrere interne Ressourcen zu verteilen. Dieser Ansatz bedarf allerdings insofern der Mitarbeit der Clients, als dass diese den die erhaltene Singleton-Instanz selbst nicht cachen sollten.
- Ebenfalls in [GoF] wird das Subclassing von Singletons diskutiert. Die Basisklasse liefert statt ihrer eigenen Instanz die einer bestimmten Subklasse zurück. In Java kann dies via Reflection realisiert werden, ohne die Basisklasse eng an Ihre Subklassen zu koppeln. Dazu wird der Name der konfigurierten Subklasse als String hinterlegt und bei der Initialisierung zum Laden der zugehörigen Klasse verwendet.
- Falls Sie sich mit Ihrer Entscheidung für ein Singleton nicht so ganz wohl fühlen, können Sie die Herausgabe des Singletons an die Clients in eine eigene Klasse verlagern (s. a. → Registry (Abschn. 9.3), → Factory Method (Abschn. 2.3)). Bei etwas erhöhter Komplexität gibt Ihnen dies die Freiheit, das Singleton einzusetzen, ohne sich zu eng an es zu koppeln. Gleichzeitig schaffen Sie die Möglichkeit, das Singleton später mit wenig Aufwand durch ein anderes Design zu ersetzen.

Implementierung

Eine `getInstance()`-Methode mit später Initialisierung muss für die Arbeit mit mehreren Threads meist synchronisiert implementiert werden, um Race Conditions zu vermeiden. Bevor Sie ernsthaft darüber nachdenken, die Synchronisation „wegzuoptimieren", sollten Sie sich gut über Ihre Laufzeitumgebung informieren. Im Abschnitt über → Nebenläufigkeit (Abschn. 1.2) zu Anfang dieses Buches finden Sie dazu Literaturhinweise.

Gelegentlich kommt es zu Problemen, wenn Objekte, die eine Referenz auf das Singleton halten, serialisiert werden. Sie sollten in dieser Situation die Referenz (ein Attribut der Client-Klasse) so markieren, dass sie nicht zum persistierbaren Zustand der Client-Klasse gehört. Unter Java gibt es dazu das Schlüsselwort *transient*, in C# erreicht man dasselbe mit *[NonSerialized]*. Nachteilig ist, dass man nach der Deserialisierung der Client-Instanz die Referenz wiederherstellen muss. In Java bietet sich Ihnen noch eine elegantere Möglichkeit, mit dem Thema Serialisierung und Singletons umzugehen. Die Java-Deserialisierung kann ein Objekt durch ein anderes ersetzen. Es reicht aus, das Singleton serialisierbar zu machen, seinen inneren Zustand transient zu markieren und die Methode `readResolve()` wie im obigen Beispiel zu überschreiben. Der Client muss bei dieser Variante nicht angepasst werden.

Falls eine Laufzeitumgebung (z. B. Applikationsserver) explizite Unterstützung für Singletons anbietet, sollten deren Mechanismen bevorzugt verwendet werden, auch wenn sie unbequemer zu implementieren oder weniger performant sind. Mit einigen der angesprochenen Probleme (z. B. Einmaligkeitsgarantie, korrekte Initialisierung) müssen Sie sich dann nicht mehr befassen. Gleichzeitig erleichtern Sie anderen Beteiligten das Verständnis Ihres Codes. Für JEE wird mit EJB 3.1 eine *Singleton Session Bean* eingeführt, deren Lebenszyklus der Container verwaltet (s. a. EJB31PFD). Spring bietet dazu einen Singleton-Scope.

Verweise

In unseren Codebeispielen (siehe [PK]) finden Sie zwei unterschiedliche Implementierungen.

[GoF]. Ausführliche Diskussion in [Martin].

[Duffy] gibt Hinweise zur threadsicheren Implementierung verschiedener Varianten in C#.

→ Registry (Abschn. 9.3): Es bietet sich an, Registry als Singleton zu implementieren.

Falls Sie Singleton dazu benutzen, eindeutige Schlüssel (etwa: Objekt-IDs, Fremdschlüssel für Datenbanken oder Ähnliches) zu generieren, dann können Ihnen die Muster zu Datenbankschlüsseln (Kap. 8), etwa → Sequenzblock (Abschn. 8.2), weiterhelfen.

2.5   Object Pool

Zweck

Es wird die Wiederverwendung von Objektinstanzen ermöglicht, deren Erzeugung sehr teuer ist oder deren Anzahl beschränkt werden soll (vgl. [Shalloway-Trott]).

Szenario

Sie verwenden das Muster → Builder (Abschn. 2.2), um Objekte schrittweise zu konstruieren. Eine Builder-Instanz wird erzeugt, verwendet und kurz danach verworfen. Bei ersten Tests war die Ausführung schnell und fehlerfrei. Als Sie nun aber Last auf das System geben und die Zahl der gleichzeitig durch Builder-Instanzen zu erzeugenden Objekte steigt, stellen Sie Performance-Probleme fest. Die Erzeugung einer Builder-Instanz dauert einige Zeit, weil Ihr Code interne Strukturen (Listen, Hash Maps etc.) aufbauen muss. Da viele Builder benötigt werden, summieren sich diese Zeiten.

Problem/Kontext

Die massenhafte Erzeugung von Instanzen eines bestimmten Objekttyps ist zu teuer, oder die Anzahl gleichzeitig existierender Instanzen muss aus bestimmten Gründen eingeschränkt werden. Charakteristisch ist, dass diese Instanzen nur relativ kurze Zeit in Verwendung sind und dann verworfen werden.

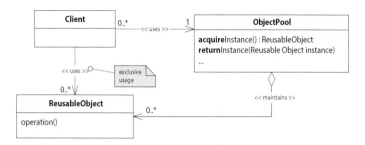

Abb. 2.5 Object Pool

Lösung

Führen Sie einen Pool (*Object Pool*) ein, aus dem die Instanzen (*ReusableObject*) für die Benutzung entnommen und an den sie anschließend zurückgegeben werden (siehe Abb. 2.5). Sie werden dort re-initialisiert und bei der nächsten Anfrage erneut ausgegeben.

Im Beispiel können die aufwendig erstellten Builder beliebig oft wiederverwendet werden. Die Anzahl gleichzeitig existierender Instanzen können Sie über die Poolgröße und das Poolverhalten steuern.

Vorteile

Wie Pfandflaschen bleiben teuer zu erzeugende Objekte im Umlauf. Prozessorzeit und andere Ressourcen, die zur erneuten Erzeugung notwendig wären, werden eingespart. Da nutzende Komponenten über den *Object Pool* von der Erzeugung der Objekte entkoppelt sind, können Sie die Anzahl gleichzeitig existierender Instanzen limitieren. Die Überwachung des Pools ermöglicht zudem Aussagen über die Systemlast.

Nachteile

Bevor Sie *Object Pool* implementieren, sollten Sie folgende Punkte beachten:

- Analog der erwähnten Pfandflasche muss auch ein gebrauchtes Objekt vor der Wiederaufnahme in den Pool gesäubert werden, indem sein Zustand bereinigt wird. Das kostet Zeit.
- In Multithread-Umgebungen dürfen Sie nicht vernachlässigen, dass der Pool einen zusätzlichen Synchronisationspunkt bildet. Potenziell können Sie sich mit diesem Muster sogar „deadlocken": Verwenden *mehrere* Threads *mehrere* ReusableObjects desselben Pools und beschränkt dieser die Objektanzahl mithilfe der Strategie „warten, bis verfügbar", so kann es passieren, dass alle Threads aufeinander warten.
- Die nutzende Komponente übernimmt eine gewisse Verantwortung. Oft wird vergessen, ein Objekt auch dann zurückzugeben, wenn es in einem Verarbeitungsschritt zu einer Exception gekommen ist. Dies war früher ein verbreiteter Fehler im Umgang mit Datenbank-Ressourcen in Java.
- Clients dürfen ein gepooltes Objekt bzw. dessen Identität (z. B. in einer Hash Map) auf keinen Fall über den Zeitpunkt der Rückgabe hinaus verwenden.
- Die Komplexität der Implementierung erhöht sich etwas. Bei Änderungen der gepoolten Objekte müssen Sie eventuell die „Reinigungsmethode" anpassen, ansonsten kommt es mitunter zu merkwürdigen Seiteneffekten (wie wir aus eigener Erfahrung wissen ☺).

Verwendung

Setzen Sie dieses Entwurfsmuster nur ein, wenn

- die Erzeugung der Objekte teuer ist oder die Anzahl gleichzeitig existierender Instanzen beschränkt werden soll,
- sichergestellt ist, dass Clients die Instanzen zurückgeben,

- nutzende Komponenten die Instanzen nicht unkontrolliert weitergeben.

Im Embedded-Bereich mit streng limitiertem Arbeitsspeicherangebot werden Object Pools eingesetzt, um Memory-Fragmentation entgegenzuwirken.

Varianten/Strategien

- Der Pool kann so konfiguriert werden, dass Anfragende bei leerem Pool warten müssen, bis ein anderer Thread ein Objekt zurückgegeben hat. Hierbei sollte ein Time-out gesetzt werden.
- Alternativ können Sie bei leerem Pool eine Exception werfen oder null (bzw. ein → Null-Objekt (Abschn. 9.2)) zurückgeben, um anzuzeigen, dass eine Überlastung vorliegt. Darauf können dann Clients mit einer eigenen Strategie reagieren.
- Wenn es nicht auf die Anzahl ankommt, können Sie den Pool so einstellen, dass er zusätzliche Instanzen erzeugt, wenn eine größere Anzahl benötigt wird, als ursprünglich vorgesehen war. Dies ist unabhängig von der Poolgröße, die je nach zu erwartender Systemlast angepasst werden könnte.
- Sie können Mechanismen einführen, den Pool zu verkleinern, wenn er gerade nicht benutzt wird und Ressourcen an anderer Stelle benötigt werden. Java bietet hier mit der SoftReference die Möglichkeit, auf hohe Speicherauslastung zu reagieren und Objekte abräumen zu lassen, die eigentlich noch im Pool sind.
- Ein Grundproblem dieses Musters ist, sicherzustellen, dass die Objekte zurückgegeben werden. Meist geschieht die Verarbeitung – bezogen auf einen bestimmten Clientaufruf zu einer bestimmten Zeit – innerhalb genau eines Threads. Diese Tatsache können Sie sich zunutze machen, indem Sie mit einem Kontext arbeiten, der bei Eintritt in eine bestimmte Verarbeitung betreten und an deren Ende wieder verlassen wird (z. B. ein HTTP- oder RMI-Request). Wenn Sie alle Objekte, die Sie aus Pools ausgeben, im Pool-Kontext registrieren, kön-

nen diese beim Verlassen des Pool-Kontexts automatisch an die zugehörigen Pools zurückgeben werden. Die nutzende Komponente muss sich dann nicht mehr um die Rückgabe kümmern.

- Mit threadlokalen Pools vermeiden Sie Synchronisation um den Preis, mehrere Instanzen erzeugen zu müssen (eine pro Thread).
- Ausführungslokale Pools cachen Objekte, die während einer Ausführung (z. B. Batch-Execution) erzeugt werden. Dies geschieht in der Annahme, dass sie im Ablauf *dieser Ausführung* noch einmal benötigt werden. Nach Ausführungsende werden die Objekte nicht länger gehalten, sondern freigegeben.

Object Pool und automatische Speicherverwaltung
Im Zusammenhang mit virtuellen Maschinen (sei es nun Java oder .NET) hat Object Pool teilweise zu Recht einen schlechten Ruf. Wir möchten Ihnen hier die Hintergründe erklären, um Ihnen die Möglichkeit zu geben, fundierte Entscheidungen für oder gegen dieses Pattern zu treffen.

Aus drei Gründen kann der Einsatz von Object Pools in VMs unnötig oder sogar kontra-produktiv sein:

- Die Speicherverwaltung (Allokation und Freigabe) virtueller Maschinen wurde in den letzten Jahren extrem verbessert. Die Java-VM kann beispielsweise schneller Speicher bereitstellen/freigeben als direkte malloc()/free()-Aufrufe in C++, weil sie ausgefuchste Mechanismen wie *Arenas*, *ChunkPools* und *thread-local allocation buffers* (TLABs) mit *bump-the-pointer*-Tricks einsetzt (siehe [Hunt11]). Speicherzuweisung und -freigabe sind also spottbillig, während ein Object Pool deutlichen Implementierungsoverhead und neue Fehlerquellen mit sich bringt. Dies ist nicht immer zu rechtfertigen.

- Viele Object Pools sind global implementiert und können durch das Locking für die notwendige Threadsynchronisation negativ auf die Performance wirken.
- Gepoolte Objekte werden durch den Garbage Collector nicht abgeräumt, sondern sie werden stetig neu beurteilt und ggf. sehr lange gehalten. Das hat zwei Nebeneffekte. Auf der einen Seite wird wertvoller Speicher nun durch Objekte belegt, die möglicherweise selten oder gar nicht wiederverwendet werden. Auf der anderen Seite sind die gepoolten Objekte nicht immutable (vgl. → Flyweight (Abschn. 4.7)). Bei ihrer regelmäßigen Verwendung werden ihre Attribute modifiziert, wodurch neue Referenzen entstehen können. Diese Art von Referenzen kann den Garbage-Collector beim (häufigen) Aufräumen der kurzlebigen Objekte behindern oder verlangsamen.

Trotzdem kann ihnen ein Object Pool gute Dienste leisten, wenn Sie die dargestellten Nachteile gegen die zu erwartenden Vorteile abwägen. Ist die Erzeugung der zu poolenden Objekte sehr aufwändig, spielt der mögliche Zeitverlust in der Garbage Collection praktisch keine Rolle. Den zusätzlich benötigten Speicher können Sie nach oben abschätzen und bereitstellen, typischerweise leichter als CPU-Power. Durch Auswahl geeigneter Datenstrukturen oder thread- bzw. ausführungslokaler Pools können Sie die Pool-Synchronisation minimieren bzw. vermeiden.

Auf der anderen Seite sollten Sie aber vor dem Einsatz eines Object Pools sorgfältig prüfen, ob Sie die betroffenen Datenstrukturen nicht einfach leichtgewichtiger implementieren können. Wenn Sie das Problem auf diese Weise lösen können, gewinnen Sie in jeder Hinsicht!

Verweise

Auf unserer Webseite (siehe [PK]) finden Sie zwei lauffähige Codebeispiele zum Experimentieren.

→ Singleton (Abschn. 2.4): Der Pool bzw. die verwaltende Instanz ist meist als Singleton realisiert.

Für Java stehen mit den *Commons Pools* (https://commons. apache.org/proper/commons-pool/) fertige Poolimplementierungen zur Verfügung.

Verhaltensmuster

3.1 Command

Zweck

Kapselt einen Befehl als ein Objekt.

Problem/Kontext

Sie möchten den Aufruf eines Befehls von dessen Ausführung entkoppeln.

Lösung

Erzeugen Sie eine abstrakte *Command*-Klasse, in der Sie die Schnittstelle Ihrer Befehle darstellen. In Ihrer Anwendung arbeiten Sie ausschließlich mit abstrakten *Command*-Objekten. Ein Objekt vom Typ *Command* wird beauftragt, einen Befehl auszuführen. Unter Umständen kann die aufrufende Instanz dazu auch Objekte des Typs *KonkretesCommand* erzeugen.

Der Client erzeugt ein *KonkretesCommand*-Objekt und übergibt diesem den *Empfaenger* (siehe Abb. 3.1).

© Springer-Verlag GmbH Deutschland, ein Teil von Springer Nature 2024

K. Eilebrecht, G. Starke, *Patterns kompakt*, IT kompakt, https://doi.org/10.1007/978-3-658-43234-8_3

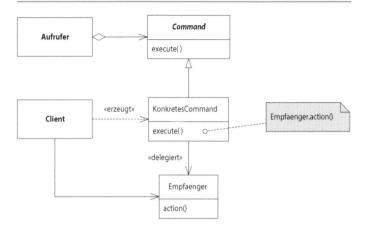

Abb. 3.1 Command

Command stellt die Schnittstelle zur Ausführung von Befehlen bereit. Die Methoden sind abstrakt. Command kann auch `undo()`-Methoden bereitstellen, siehe → Command Processor (Abschn. 3.2). Ein *Empfaenger* weiß, wie ein Befehl auszuführen ist. Dabei muss die *Empfaenger*-Klasse kein besonderes Interface implementieren oder vordefinierten Konventionen folgen. Ein *KonkretesCommand* kann die Ausführung der Operation sogar selbst implementieren, statt sie an *Empfaenger* zu delegieren.

Vorteile

Ein Command entkoppelt einen Befehl von seiner Ausführung. Clients können mit abstrakten Command-Objekten arbeiten, ohne wissen zu müssen, welche Objekte die Befehle letztendlich ausführen. Durch das Command-Pattern sind aufrufende Komponenten nur von der abstrakten Klasse *Command* abhängig, was der Flexibilität und Wartbarkeit von Systemen zugutekommt.

Verwendung

Das Command können Sie sehr vielseitig einsetzen. Typische Indikatoren sind Entkopplung und Reduktion von Abhängigkeiten; Beispiele:

* Zeitliche Entkopplung (nach [Martin], S. 154): Sie können ein *KonkretesCommand* asynchron ausführen, es beispielsweise in eine Warteschlange stellen, obwohl der ursprüngliche Methodenaufruf synchron erfolgte.

* Die meisten Klassen binden ihre Funktionalität an eine bestimmte Menge von Variablen (nämlich ihre eigenen Member-Variablen). Das Command hingegen führt Befehle losgelöst von Variablen aus: Es „hebt Funktionen auf das Niveau von Klassen" [Martin].

Die verbreiteten XUnit-Frameworks für Unit-Tests (etwa: JUnit) kapseln Testfälle als Commands. Dort stellt eine abstrakte Test-Klasse das Command dar.

Varianten/Strategien

* Ein Command kann Metadaten (z. B. Typ, Berechtigung oder Priorisierung) tragen. Dies erklärt auch, warum die Verfügbarkeit von Closures in immer mehr Sprachen dieses Pattern nicht überflüssig macht.

Verweise

[GoF].
    [Martin] enthält eine ausführliche und anwendungsbezogene Diskussion mit einigen Beispielen.
    → Command Processor (Abschn. 3.2).

3.2   Command Processor

Zweck

Trennt Ausführung und Management von Command-Objekten,
→ Command (Abschn. 3.1).

Problem/Kontext

Sie möchten die Ausführung von Befehlsobjekten von Ver-
waltungstätigkeiten entkoppeln, etwa der Speicherung. Sie möchten Befehle rückgängig machen können. Dazu müssen Sie die
ausgeführten Befehle speichern, um zu einem späteren Zeitpunkt
deren undo()-Methoden ausführen zu können.

Lösung

Eine eigenständige Klasse CommandProcessor koordiniert die
Ausführung von Command-Objekten (siehe Abb. 3.2). Sie kann
Befehle speichern und bei Bedarf undo() ausführen. Sie können
im CommandProcessor auch weitere Verwaltungsaufgaben im-
plementieren, etwa Autorisierung, Logging, Accounting oder
Ähnliches.

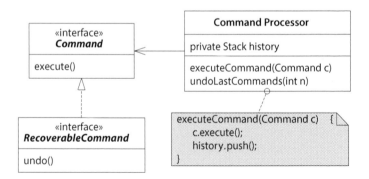

Abb. 3.2 Command Processor

Folgendes C#-Implementierungsbeispiel stammt von Kevlin Henney (www.curbralan.com):

```csharp
public interface RecoverableCommand : Command {
    void Undo();
}

public class CommandProcessor {
    public void ExecuteCommand(Command command) {
        command.Execute();
        if (command is RecoverableCommand) history.
        Push(command);
    }

    public void UndoLastCommand() {
        ((RecoverableCommand) history.Pop()).Undo();
    }
// …
    private Stack history = new Stack();
}
```

Verwendung

Siehe → Command (Abschn. 3.1).

Neben dem klassischen Einsatzgebiet eignet sich das Muster auch, um Kontextwechsel zu kapseln. Beispielsweise ist es in einem JEE-Server relativ umständlich, eine Operation, die keine Bean-Methode ist, in einer neuen Transaktion auszuführen. Abhilfe könnte eine TxCommandProcessorBean bieten, die mit @Transaction-Attribute(REQUIRES_NEW) annotiert ist. Jedes Command (im einfachsten Fall ein Runnable) wird automatisch in einer neuen Transaktion ausgeführt.

Verweise

POSA.
→ Command (Abschn. 3.1).

3.3   Iterator

Zweck

Das Iterator-Muster erlaubt den sequenziellen Zugriff eines Clients auf die Elemente einer Aggregation, ohne deren internen Aufbau zu kennen.

Szenario

Innerhalb Ihrer Software wird eine Kundenliste verwaltet. Verschiedene Anwendungsfälle erfordern die sequenzielle Abarbeitung dieser Liste. Dabei existieren unterschiedliche Vorgaben bezüglich der Reihenfolge. Es ist Ihre Aufgabe festzulegen, an welcher Stelle die verschiedenen Traversierungsvarianten zu implementieren sind.

Problem/Kontext

Sie müssen nacheinander alle Elemente einer aggregierten Struktur (z. B. Baum oder Liste) bearbeiten. Dazu müssen diese sequenziell geliefert werden, wobei unterschiedliche Traversierungsvarianten zum Einsatz kommen können. Die entsprechende Logik sollte nicht durch die Client-Komponente realisiert werden, um diese von der Struktur zu entkoppeln. Andererseits erscheint es wenig sinnvoll, die Implementierung der Struktur mit allen denkbaren Traversierungsvarianten aufzublähen. Das Verwalten der Elemente in einer Struktur (z. B. hinzufügen, entfernen) und deren Traversierung sind getrennte Verantwortlichkeiten (vgl. [GoF]).

Lösung

Halten Sie die Traversierung unabhängig von der Implementierung der Struktur bzw. der des Clients. Das Iterator-Muster führt zu diesem Zweck ein neues Objekt (*Iterator*) ein, welches die not-

Abb. 3.3 Iterator für eine Liste

wendigen Operationen (z. B. `next()`, `last()`, `current-Item()`) implementiert und die aktuelle Position in der Struktur verwaltet (siehe Abb. 3.3).

Der Iterator gibt immer ein Element zurück und setzt seine interne Positionsmarke dabei weiter. Ausgehend von dieser Position bestimmt er das nächste zurückzugebende Element (entsprechend der Traversierungsstrategie). Sowohl das konkrete Aggregat als auch der Client werden so von den Aufgaben der Traversierung befreit. Die Aggregation verwaltet die Daten und die Erzeugung von Iteratoren, der Iterator die Traversierung. Ist die Anzahl der Traversierungsstrategien begrenzt, oder ist nur eine einzige definiert, können Sie die Traversierung im Aggregat selbst realisieren und nur die Zustandsverwaltung in den Iterator auslagern. Dieses Vorgehen entspricht dem Verhalten eines Cursors auf einer Datenbank. Der Iterator ist in jedem Fall eng an das Aggregat gekoppelt. Um diese Kopplung zwischen der aggregierten Struktur und dem zugehörigen Iterator zu entschärfen, können Sie sowohl für das Aggregat als auch für den Iterator abstrakte Superklassen oder Interfaces mit den notwendigen Operationen definieren (siehe Abb. 3.4). Man spricht in diesem Fall von polymorphen Iteratoren.

Das Aggregat-Interface definiert eine Factory-Methode zur Erzeugung eines konkreten (passenden) Iterators. Der konkrete Iterator ist zur Laufzeit dann wieder eng an das konkrete Aggregat gekoppelt.

Vorteile

Clients benötigen weder Kenntnisse über den internen Aufbau des Aggregats noch über die Position innerhalb der Struktur. Das

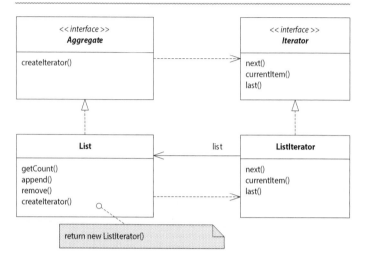

Abb. 3.4 Iterator

Interface des Aggregats kann schlank gehalten werden. Sie haben
zudem die Möglichkeit, mehrere Traversierungsvarianten (z. B.
depth-first vs. breadth-first) durch unterschiedliche Iteratoren umzusetzen. Da die Iterator-Instanz ihren Zustand (Fortschritt der
Traversierung) selbst verwaltet, können mehrere Iteratoren gleichzeitig auf derselben Aggregation arbeiten (vgl. [GoF]).

Iteratoren können Probleme vermeiden, die bei einer „un-
geschickten" Traversierung durch einen Client drohen (schlechte
Performance, Zyklen).

Nachteile

Jeder sequenzielle Zugriff auf eine Aggregation (vgl. Datenbank-
Cursor) wird problematisch, sobald sich die Struktur durch Hinzufügen oder Entfernen von Elementen ändert. Je weiter der
Algorithmus zur Traversierung von der Aggregation entfernt ist,
desto schwieriger ist es, auf solche Änderungen zu reagieren.

Da die aufrufende Komponente das interne Verhalten des Iterators nicht kennt, kann es zu unerwarteten Effekten kommen. Im

Zusammenspiel mit → Lazy Load (Abschn. 7.3) fällt die Performance mitunter unerwartet schlecht aus, wenn die Iterator-Implementierung dies nicht berücksichtigt. Andererseits kann gut gemeintes Vorausladen (*prefetch*) verborgen im Inneren eines Iterators katastrophale Folgen haben, wenn die Zahl der Datensätze drastisch wächst. Beispielsweise übertragen einige JDBC-Treiber in der Standardeinstellung zunächst die selektierte Datenmenge und iterieren dann clientseitig. Normalerweise ist das kein Problem und aus Performance-Gründen sogar erwünscht. Wenn Sie aber mehrere Millionen Datensätze selektieren, um diese in eine Ausgabedatei zu schreiben, sehen Sie sich mit einem unerwarteten OutOfMemory-Fehler konfrontiert. Willkommen am Ende der Transparenz! Sie müssen die Konfigurationsparameter herausfinden und so ändern, dass nicht versucht wird, Gigabytes von Daten im Speicher der Anwendung zu cachen.

Verweise

Cursor: Dieser Begriff aus der Datenbankwelt wird synonym für Iterator verwendet.

→ Composite (Abschn. 4.8): Rekursive Strukturen nach diesem Muster sind prädestiniert für die Verwendung von Iteratoren zum sequenziellen Zugriff auf ihre Elemente (vgl. [GoF]). In diesem Fall sollten auch die Blätter einen speziellen Iterator zurückliefern, der leer ist (Null-Iterator, siehe auch → Null-Objekt (Abschn. 9.2)).

→ Factory Method (Abschn. 2.3): Im Fall polymorpher Iteratoren besitzt das Aggregat eine Fabrik-Methode zur Erzeugung eines passenden Iterators.

Viele moderne Programmiersprachen (z. B. Java, Groovy, C#) betten die Iteration über Listen und Mengen in ihre Syntax ein. Der Compiler transformiert dann das jeweilige Sprachkonstrukt (z. B. `for`-Schleife über `Set`-Elemente) in eine äquivalente Befehlsfolge zur Abarbeitung eines Iterators.

3.4   Visitor (Besucher)

Zweck

Dieses Pattern ermöglicht es, neue Operationen auf den Elementen einer Struktur zu definieren, ohne die Elemente selbst anzupassen.

Szenario

Eine Software zum Dokumentendesign, die bisher nur formatierten Text unterstützt hat, soll erweitert werden. In Zukunft sollen deutlich mehr Layoutelemente, wie horizontale Linien, Grafiken und sogar eingebettete Dokumente, unterstützt werden. Anhand gängiger Vorbilder können Sie die Menge der möglichen Elemente gut einschätzen. Das Modul soll später in mehrere Produkte und gegebenenfalls Fremdprodukte integriert werden. Weder kennen Sie alle Operationen, die die anderen Entwicklerteams auf den Elementen benötigen werden, noch wäre es sinnvoll, mit einer derartigen Methodenfülle das Interface aller Elemente zu verseuchen, zumal diese sich stark voneinander unterscheiden.

Problem/Kontext

Auf den unterschiedlichen Elementen einer Objektstruktur (z. B. Hierarchie oder auch Liste) sollen Operationen ermöglicht werden, die stark von den individuellen Eigenschaften der konkreten Elemente abhängen. Die Klassen der Elemente sollen dabei nicht durch Methoden aufgebläht werden (vgl. [GoF]), die verschiedenen Zwecken dienen und gegebenenfalls gar nicht in einem gemeinsamen Kontext zum Einsatz kommen.

Lösung

Kapseln Sie eine benötigte Operation in einer Klasse, die auf den Elementen der Struktur arbeitet, statt all ihre Elemente zu erweitern. Definieren Sie zunächst ein Interface VisitableElement, das von allen Objekten, die in der Struktur vorkommen können (z. B. `ImageElement` oder `SubDocumentElement` usw.), implementiert wird. Die Interfacemethode `accept(Visitor)` ermöglicht später besuchenden Objekten den Zugang zur konkreten Instanz, um mit deren Daten zu arbeiten. Ein weiteres Interface (`Visitor`) definiert für alle vorgesehenen Elementtypen der Struktur je eine `visit(`*Elementtyp*`)`-Methode (z. B. `visit(ImageElement)`). Dieses Interface wird von allen Klassen implementiert, welche die Struktur besuchen sollen. Eine konkrete Implementierung (*ConcreteVisitor*) verfolgt den Zweck, eine bestimmte Operation auf den Elementen der Struktur auszuführen (siehe Abb. 3.5).

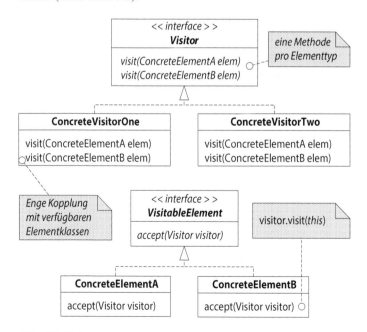

Abb. 3.5 Visitor

Zur Laufzeit wird die Struktur traversiert, wobei der Besucher via `accept(Visitor)` nacheinander an jedes Element übergeben wird. Die `accept(Visitor)`-Methode übergibt das Element (`this`) dann über die passende `visit`(*Elementtyp*)-Methode an die Implementierung des Visitors.

```
public class ImageElement implements VisitableEle-
ment {
// …
   public void accept(Visitor visitor) {
      visitor.visit(this);
   }
}
```

Hierbei vollzieht sich durch den Aufruf der passenden `visit(...)`-Methode der Übergang vom abstrakten VisitableElement zur Instanz eines konkreten Typs, die der Visitor ohne weitere Fallunterscheidung verarbeiten kann. Dieses Prinzip wird als *Double Dispatch* bezeichnet (vgl. [POSA-4]).

Durch verschiedene ConcreteVisitor-Implementierungen erhalten Sie die Möglichkeit, bei Bedarf ganz unterschiedliche Operationen auf den Elementen der Struktur hinzufügen. Im obigen Beispiel ist beispielsweise ein optionaler HTML-Export denkbar, der unter anderem alle externen Bilder sammelt, um diese zu verarbeiten. Ein entsprechender `ImageCollectorVisitor` besucht alle Elemente, um die entsprechenden Referenzen einzusammeln und z. B. JPEGs zu erzeugen.

```
public class ImageCollectorVisitor implements Visi-
tor {
// …
   public void visit(TextElement concreteElement) {
   //leer }
   public void visit(ImageElement concreteElement) {
      // Bildelement lesen, JPEG erzeugen und ab-
      legen
   }
}
```

Für einen ConcreteVisitor nicht relevante Elemente werden zwar besucht aber ignoriert.

Vorteile

Durch Implementierung weiterer ConcreteVisitors können Sie leicht neue Operationen zur Objektstruktur hinzufügen, ohne deren Elemente anzupassen. Im Gegensatz zum → Composite (Abschn. 4.8)-Pattern können Sie gemeinsame Operationen auf Objekten ganz unterschiedlicher Typen einführen, ohne (mit Ausnahme des VisitableElement-Interfaces) eine gemeinsame Schnittstelle zu fordern. Funktionalität auf einer Objektstruktur kann je nach Einsatzzweck selektiv bereitgestellt werden. Operationen, die in einem bestimmten Kontext nicht erforderlich sind, werden dort auch nicht deployt.

Nachteile

Dieses Muster führt eine enge Kopplung des Visitors mit den Elementen der Struktur ein. Der Besucher muss alle möglichen Elementtypen der Struktur kennen und für diese je eine passende Methode besitzen. Die Einführung eines neuen VisitableElements ist teuer, weil das Visitor-Interface und alle bekannten Implementierungen angepasst werden müssen. Zudem wird das Kapselungsprinzip verletzt (vgl. [GoF]), denn die Elemente der Struktur müssen ihre Daten über öffentliche Methoden für den Besucher zugänglich machen. Ein Visitor zentralisiert umfangreiches Wissen über viele unterschiedliche Klassen. Aufgrund der Indirektionen ist der Umgang mit Exceptions im Rahmen des Visitor-Patterns schwierig. Dies betrifft die Ausgabe hilfreicher Fehlermeldungen und besonders die Behandlung von Fehlern, die nicht zum Abbruch führen sollen.

Verwendung

Setzen Sie dieses Muster ein, wenn folgende Bedingungen erfüllt sind (vgl. [GoF], [SteMa]):

- Eine Objektstruktur enthält Elemente unterschiedlicher Klassen.
- Die Menge der Elementtypen (*ConcreteElements*) ist abgeschlossen oder ändert sich nur sehr selten.
- Es sollen Operationen auf den Elementen der Struktur implementiert werden, die stark von den individuellen Objekteigenschaften abhängen.
- Die Methoden können oder sollen aufgrund ihrer Anzahl, ihres unterschiedlichen Einsatzzwecks oder aber bedingt durch die Rollenverteilung nicht in den Interfaces der Elemente definiert werden.

Wir erwähnten oben die Rollenverteilung (z. B. spätere externe API-Nutzung), um zu zeigen, dass dieses Muster helfen kann, eine Objektstruktur auf unbekannte Funktionserweiterungen vorzubereiten. Machen Sie sich jedoch bewusst, dass das Visitor-Muster in einer öffentlichen API durchaus verwirrend wirken kann, insbesondere wenn keine ausreichenden Hinweise gegeben werden, wie andere (zur Modulintegration) sinnvoll an benötigte Daten kommen können. Letztere sind dann womöglich gezwungen, sich mit internen Strukturen des zu integrierenden Moduls zu beschäftigen oder schlimmer noch, Annahmen darüber zu treffen.

Varianten/Strategien

- Sie können eine abstrakte Visitor-Basisklasse verwenden. Dies erlaubt Ihnen, für einen neuen ConcreteElement-Typ zunächst eine Leerimplementierung einer `visit`(*NeuerElementtyp*)-Methode einzuführen und die abgeleiteten ConcreteVisitors nach und nach anzupassen.

- Gelegentlich wird der Name des jeweiligen Typs in den der
  zugehörigen `visit(...)`-Methode integriert (z. B. `visit-`
  `ImageElement(ImageElement concreteElement)`).
  Dies erhöht die Lesbarkeit des Codes (vgl. [GoF]). Andererseits führen Sie damit eine unnötige Redundanz ein, wobei
  sich gerne Tippfehler einschleichen. Beachten Sie auch, dass
  Refactoring-Werkzeuge häufig nicht in der Lage sind, die
  Typinformation im Methodennamen zu erkennen und zu ersetzen. Bei einer Namensänderung (z. B. zu `PhotoElement`
  statt `ImageElement`) wird dann unbemerkt die Konvention
  verletzt (im Beispiel `visit`**ImageElement**(**PhotoElement**
  `concreteElement`)).

Bei der Verwendung des Visitor-Musters ist es von zentraler Bedeutung, dass Sie sich Gedanken machen, wer die Traversierung
übernehmen soll. Für die Umsetzung gibt es verschiedene
Möglichkeiten:

- Die Traversierung ist eine eigene Verantwortlichkeit. Getreu
  dem *Separation-of-Concerns*-Prinzip sollten die Aufgaben
  besser getrennt werden. Sie können das Muster → Iterator
  (Abschn. 3.3) verwenden, um dieses Problem zu lösen. Damit
  ist jedoch noch nicht festgelegt, ob der Visitor die Traversierung steuert, oder ob er nur einen Strom von Elementen verarbeitet.
- Das Aggregat (Objektstruktur) kann die Iteration implementieren (*Enumeration Method* [POSA-4]). Wird ein Visitor an eine
  Objektstruktur übergeben, so erhält er nacheinander alle Elemente. In [GoF] finden Sie dazu ein Klassendiagramm, das
  einen zentralen Einstiegspunkt für den Client (Verwender des
  Aggregats und des Visitors) ausweist. Nachteilig ist, dass der
  ConcreteVisitor die Traversierung nicht beeinflussen kann und
  immer alle Elemente bekommt. Er kann die Iteration auch
  nicht abbrechen, wenn er erkannt hat, dass er keine weiteren
  Informationen benötigt.
- Eine andere Möglichkeit besteht darin, die Traversierung bzw.
  die Steuerung des Iterators im ConcreteVisitor zu implemen-

tieren. Das erhöht die Freiheit bei der Selektion benötigter Elemente und überlässt die Steuerung dem Besucher. Nachteilig ist, dass nun Code zur Traversierung in jedem ConcreteVisitor erscheint. Dieses Problem können Sie vermeiden, indem Sie die Iteration bzw. die Steuerung des Iterators in eine abstrakte Oberklasse verschieben. Mittels → Template Method (Abschn. 3.6) können Sie den Ansatz so erweitern, dass ein ConcreteVisitor (z. B. bei seiner Instanziierung) mit einem passenden Iterator parametrisiert wird. Die Komplexität steigt zwar, aber Sie erhalten große Flexibilität, eine saubere Trennung und vermeiden duplizierten Code.

• Bei der Traversierung verschachtelter Strukturen kann die Zustandsverwaltung des Visitors erheblich vereinfacht werden, indem sich jedes komplexe Element *vor* und ein weiteres Mal *nach* dem Besuch aller darin enthaltenen Kindelemente an den Visitor übergibt. Statt dazu die Methodenanzahl des Visitor-Interfaces zu verdoppeln (`visitElementOnEntry(…)` vs. `visitElementOnExit(…)`) kann alternativ ein zusätzlicher Parameter das Betreten und Verlassen des besuchten Elements signalisieren (z. B. `visitImagePackage(package, ENTER)`). Durch die beiden getrennten Aufrufe wird es möglich, Teilschritte der Visitor-Logik *vor* bzw. *nach* dem Besuch der jeweiligen Kindelemente auszuführen. Beispielsweise können Sie so elegant den aktuellen Zustand des Visitors mithilfe eines Stacks verwalten (`push(visitorStateObject)` beim Betreten, `pop()` beim Verlassen).

Verweise

Auf der Webseite zum Buch (siehe [PK]) finden Sie ein Codebeispiel, das den Einsatz des Visitor-Patterns zur konkreten Rabattberechnung demonstriert.

[GoF], [SteMa], [POSA-4].

→ Composite (Abschn. 4.8): Bei diesem Muster sind die Voraussetzungen gewissermaßen genau umgekehrt. Die Elemente der Struktur sind eng verwandt, der individuelle Objektcharakter spielt keine Rolle. Das Hinzufügen neuer Elementtypen ist unkompliziert, neue Operationen sind hingegen teuer.

→ Iterator (Abschn. 3.3): Sie können dieses Pattern verwenden, um unterschiedliche Traversierungsstrategien umzusetzen.

→ Adapter (Abschn. 4.1): Kommt in Ihrer Objektstruktur ein Elementtyp vor, dessen Interface Sie nicht ändern können (z. B. Fremdklasse), so können Sie einen Adapter verwenden, der das VisitableElement-Interface implementiert.

Das Reporting-Framework *Jasper Reports* (https://www.jaspersoft.com/de) verwendet das Visitor-Muster (`JRVisitor`), um Operationen auf den Elementen in einer Berichtsstruktur (`JRBaseReport`) zu realisieren.

3.5 Strategy

Zweck

Eine Strategy (Strategie) kapselt einen Algorithmus in einer Klasse.

Szenario

Betrachten Sie einen international nutzbaren Kalender. Sie möchten die Feiertage in einer Methode `isHoliday()` spezifisch für bestimmte Länder bestimmen, in dieser Methode jedoch auf keinen Fall konkrete Länderzuordnungen implementieren. Das gesamte System möchten Sie länderübergreifend einsetzbar halten.

Problem/Kontext

Sie wollen einen Algorithmus unabhängig von nutzenden Clients austauschen.

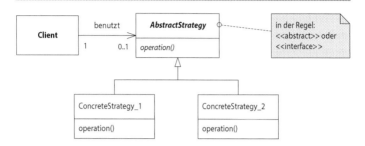

Abb. 3.6 Strategy

Lösung

Definieren Sie eine abstrakte Oberklasse (*AbstractStrategy*) für eine Reihe konkreter Implementierungen, den *ConcreteStrategy*-Klassen. Jede dieser konkreten Klassen realisiert einen bestimmten Algorithmus zur Lösung des gemeinsamen Problems. Die *AbstractStrategy* gibt in der Regel nur die Signatur der Algorithmen vor, jedoch nicht deren Struktur (dafür können Sie das Template-Method-Pattern einsetzen).

Im Beispiel des internationalen Kalenders würde die Methode isHoliday() spezifisch für bestimmte Länder in konkreten Strategy-Klassen implementiert (siehe Abb. 3.6).

Vorteile

Clients sind nur von der Abstraktion abhängig, nicht aber von der konkreten Implementierung (*ConcreteStrategy*). Das schafft Flexibilität bei der Auswahl geeigneter Algorithmen.

Nachteile

Clients müssen die unterschiedlichen Strategien kennen, damit sie eine passende auswählen können.

Verwendung

Ein weiteres Beispiel ist die Sortierung einer Collection. Hier wären die konkreten Strategien verschiedene Sortierverfahren.

Varianten/Strategien

Wenn Sie die Beschränkung auf eine einzelne `operation()` aufheben, erhalten Sie eine etwas verallgemeinerte Form der Strategie. [Shalloway-Trott] folgend sprechen wir dann von Policy.

Sie können die Wahl der konkreten Strategie auf Basis der Systemkonfiguration oder des Ausführungskontextes treffen, ggf. transparent für den Client.

Verweise

[GoF].

→ Template Method (Abschn. 3.6): Ist ein verwandtes Muster und beschreibt einen generischen Algorithmus.

→ Flyweight (Abschn. 4.7): Mitunter ist die Anzahl der Strategy-Objektinstanzen zur Laufzeit ein Problem. Dann kann die gemeinsame Nutzung einer Instanz durch mehrere Clients Abhilfe schaffen.

3.6 Template Method (Schablonenmethode)

Zweck

Es wird die Struktur eines Algorithmus definiert, wobei einzelne, konkrete Schritte in Unterklassen verlagert werden. Das Muster erlaubt es, bestimmte Operationen eines Algorithmus zu überschreiben, ohne dessen Struktur zu ändern.

Problem/Kontext

Sie wollen einen generischen Algorithmus beschreiben, von dem
einzelne Operationen variieren können.

Lösung

Definieren Sie die generelle Logik oder Struktur des Algorithmus
in einer Methode einer abstrakten Oberklasse (*Template*). Benutzen Sie dabei Methoden dieser Template-Klasse, die Sie in
Unterklassen überschreiben. Die Template Method kann mehrere
Arten von Methoden aufrufen (siehe Abb. 3.7):

- konkrete Methoden des Templates, die auch von Unterklassen
  sinnvoll wiederverwendet werden können,
- abstrakte Methoden (in der Abbildung `operation1()` und
  `operation2()`), die von Unterklassen überschrieben werden müssen,

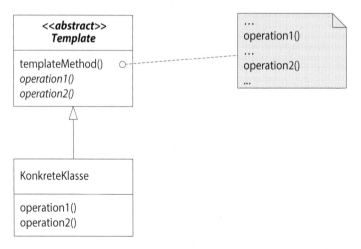

Abb. 3.7 Template Method

- Einschub- oder Dummy-Methoden, die von Unterklassen überschrieben werden können. Solche Einschubmethoden definieren als Standardverhalten manchmal „nichts tun ".

Vorteile

Template Method führt zu „invertiertem Kontrollfluss" [GoF] : Die Oberklasse (*Template*) ruft die Operationen ihrer Unterklasse auf und nicht umgekehrt. Diese Technik ist eine wichtige Grundlage für die Wiederverwendung von Code!

Verweise

Auf unserer Webseite (siehe [PK]) finden Sie zwei lauffähige Codebeispiele, darunter einen kleinen Echo-Socket-Server.
[GoF].
→ Strategy (Abschn. 3.5) ist ein verwandtes Muster, das Delegation anstelle von Vererbung benutzt, und mit dessen Hilfe Sie den gesamten Algorithmus verändern können, statt einzelner Teile davon.

3.7   Observer

Zweck

Das Observer-Muster ermöglicht einem oder mehreren Objekten, automatisch auf die Zustandsänderung eines bestimmten Objekts zu reagieren, um den eigenen Zustand anzupassen.

Szenario

Zusätzlich zur historischen Darstellung von Verkaufszahlen soll Ihre Software um eine Prognose-Ansicht erweitert werden. Diese

soll zum einen jede Viertelstunde die aktuellen Zahlen ein-
beziehen und zum anderen eine Vorhersagestrategie, die das System nutzende Personen auswählen können. Im Gegensatz zur Anzeige des historischen Verlaufs kann sich folglich die Prognose
kurzfristig ändern. Genauer gesagt, sobald neue Verkaufszahlen
vorliegen oder die Strategie gewechselt wird. Sie möchten erreichen, dass sich die Anzeige der Prognose automatisch anpasst,
sobald sich im Hintergrund Änderungen ergeben.

Problem/Kontext

Sobald sich der Zustand eines bestimmten Objekts ändert, müssen
andere Objekte ihren Zustand automatisch anpassen. Dies soll ermöglicht werden, ohne die durch die beteiligten Objekte ab-
gebildeten Verantwortlichkeiten zu vermischen bzw. zu eng zu
koppeln.

Lösung

Sie geben den „interessierten" Objekten (*ConcreteObservers*) die
Möglichkeit, sich von dem Objekt, welches Änderungen unter-
liegt (*ConcreteObservable* [SteMa] bzw. *ConcreteSubject* [GoF]),
benachrichtigen zu lassen (siehe Abb. 3.8).
     Dazu definieren Sie zunächst zwei Interfaces. *Observer* wird
von den Klassen implementiert, deren Instanzen später observie-
ren und reagieren sollen. Im einfachsten Fall definiert es eine
parameterlose `update()`-Methode, die aufgerufen werden soll,
sobald sich das „observierte Objekt" geändert hat. Für Letzteres
wird das Interface *Observable* erstellt. Es definiert die ad-
ministrativen Methoden, also Methoden zum An- und Abmelden
der *ConcreteObservers* am *ConcreteObservable* und häufig noch
eine `notify()`-Methode zum Auslösen der Benachrichtigung
aller angemeldeten *ConcreteObservers*. Sobald das observierte
Objekt sich geändert hat, ruft es an jedem registrierten
ConcreteObserver-Objekt die Methode `update()` auf, woraufhin dieses seinen Zustand aktualisieren kann.

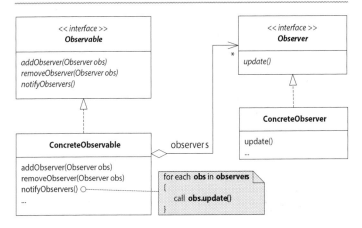

Abb. 3.8 Observer

Vorteile

- Die abhängigen Objekte (daher auch als *Dependents* bezeichnet) passen automatisch ihren Zustand an, sobald sich ein bestimmtes Objekt ändert. Dabei bleibt die Kopplung der beteiligten Objekte lose und auf den Zeitraum zwischen An- und Abmeldung des *Observers* am *Observable* beschränkt. Im obigen Beispielszenario passt sich die Darstellung der Prognose sofort an, sobald neue Daten vorliegen, oder die Strategie geändert wurde.

- Es muss im Voraus nicht bekannt sein, wie viele abhängige Objekte sich zur Laufzeit registrieren, und welche das sind. Das wirkt sich bereits im Entwicklungsprozess positiv auf den Änderungsaufwand aus, falls weitere abhängige Objekte hinzukommen (vgl. [SteMa]).

- [SteMa] weist darauf hin, dass man zu Testzwecken leicht einen *EchoObserver* (z. B. Ausgabe auf die Konsole) implementieren kann, mit dem sich das Verhalten des *Observables* überprüfen lässt.

Nachteile

Zumindest jeder, der sich schon einmal im Gestrüpp der *Listener*
von UI-Komponenten verheddert hat, kennt mindestens die folgenden Probleme:

- Über die Zeit kann die Komplexität eines zu observierenden
  Objekts steigen. Der Wunsch kommt auf, besser unterscheiden
  zu können, wann welches abhängige Objekt wirklich benachrichtigt werden sollte. Die Anzahl verschiedener *Observer*
  oder ihrer Methoden steigt. Es wird nach und nach immer
  schwieriger, zu entscheiden, welches Interface für ein neues
  abhängiges Objekt in der entsprechenden Situation die beste
  Wahl ist. Um nichts zu versäumen, wird dann häufig ein sehr
  allgemeiner *Observer* implementiert, der intern über if-else-
  Kaskaden versucht, unnötige Aktionen zu vermeiden.
- Die angestrebte lose Kopplung führt dazu, dass nicht offensichtlich ist, welche Objekte wann und auf welchem Weg benachrichtigt und aktualisiert werden. Im schlimmsten Fall
  führt das zu einer zirkulären Notifizierung, die schwer zu finden bzw. zu beseitigen ist.
- *ConcreteObserver* müssen auch wieder abgemeldet werden!
  So banal diese Aussage klingt, ein Fehler an dieser Stelle kann
  ausgesprochen kuriose Effekte haben (z. B. durch Mehrfach-
  anmeldung und -benachrichtigung). Ein anderes Problem ist
  die mögliche Behinderung der *Garbage Collection* der Laufzeitumgebung, falls der *Observer* selbst eine Referenz (häufig
  auf verschlungenen Pfaden ...) auf das observierte Objekt hat.

Varianten/Strategien

- Es können mehrere unterschiedlich parametrisierte Methoden
  im *Observer*-Interface für verschiedene Fälle definiert werden.
- Die gesamte für das Update des *Observers* benötigte Datenmenge kann über Parameter an den *Observer* übergeben werden (*push-model* [GoF]).

- Alternativ erhält der *Observer* nur die Information, dass eine Änderung am observierten Objekt vorliegt und muss sich weitere Informationen selbst beschaffen (*pull-model* [GoF]).
- Die Signatur der Benachrichtigungsmethode im *Observer*-Interface kann um die Quelle, also eine Referenz auf das *ConcreteObservable*, erweitert werden. Ein *ConcreteObserver* muss so keine Referenz auf das observierte Objekt halten und kann zudem bei mehreren *Observables* registriert werden.
- Das *Observable*-Interface wird häufig reduziert. Im Extremfall gibt es einzig die Möglichkeit zur Anmeldung des *Observers*.
- Gelegentlich ist es sinnvoll, nicht mehr als einen *ConcreteObserver* zur gleichen Zeit zuzulassen.
- Event-Hierarchie: Der *Observer* erhält als Methodenparameter ein Event-Objekt, das Auskunft über die Quelle oder weitere Hinweise gibt.
- Die Ausführung der Methode des *Observers* kann mit Threading oder Message Queuing asynchron erfolgen. Letzteres ermöglicht es, mehrfach hintereinander ausgelöste identische Events zu erkennen und zu vereinigen (*Coalescence*). Auch können Sie dynamisch oder per Konfiguration festlegen, wer die Messages verarbeitet bzw. sogar mit welcher Priorität (vgl. [SteMa]). Ein asynchroner Ansatz kann die Performance eines Systems merklich steigern. Dabei wird zudem ausgeschlossen, dass ein *Observer* das *Observable* blockiert. Auch können bei dieser Variante *Observer* in anderen Prozessen bzw. auf anderen Rechnern laufen. Beachten Sie jedoch, dass alle asynchronen *Observer*-Implementierungen, bei denen in der Nachricht kein kompletter unveränderlicher Snapshot der Daten des *Observables* enthalten ist, potenziell mit Inkonsistenzen zu kämpfen haben. Das liegt daran, dass das *Observable* zwar für den Moment der Notifizierung garantieren kann, dass es in sich konsistent ist, nicht unbedingt jedoch für jeden beliebigen Zeitpunkt danach. Ein weiteres Problem kann bei asynchroner Notifizierung auftreten, wenn alle Observer parallel benachrichtigt werden und nebenläufig arbeiten. Sind die *Observer*-Implementierungen unterschiedlich komplex, benötigen sie unterschiedlich viel Zeit. Die tatsächliche Verarbeitungsreihenfolge lässt sich dann für die Gesamtheit der

Observer nicht mehr vorhersagen. Ein *Observer* kann bereits mehrere Events verarbeitet haben, während ein anderer noch mit dem ersten beschäftigt ist. Wir raten Ihnen, wenn möglich eine synchrone Variante zu implementieren. Wie immer gilt: Keep It Simple Stupid!

- Für komplexe Update-Zusammenhänge wird in [GoF] die Einführung eines *Update-Managers* beschrieben, um die Zahl der Notifizierungen in Grenzen zu halten.
- In C# bzw. im .NET-Framework werden Sie das vorgestellte Pattern kaum in der beschriebenen Form finden. Das liegt daran, dass es dort mit dem *Delegate* ein Sprachfeature gibt, das eine andere Semantik für das Thema der Eventverarbeitung vorgibt. Delegates ermöglichen es, *Methodenreferenzen* zu erzeugen und typsicher als Parameter an andere Methoden zu übergeben. Praktischerweise sind Delegates verkettbar (*Invocation List*), sodass später ein einziger Aufruf ausreichend ist, um alle verketteten Delegates (bzw. die referenzierten Methoden) aufzurufen. Ohne ins Detail gehen zu wollen: Sie benötigen keine Interfaces. Das *Observable* deklariert ein spezielles Delegate als öffentliches Attribut. Der *Observer* erzeugt ein passendes Delegate einer entsprechend parametrisierten Methode seiner Klasse und „addiert" es zu dem Delegate des *Observables* hinzu. Sobald das entsprechende Ereignis eintritt, ruft der *Observer* sein eigenes Delegate entsprechend parametrisiert auf, woraufhin die Methoden der verketteten Delegates (also der abhängigen *Observer*-Objekte) durchlaufen werden. Delegates können auch wieder „subtrahiert" werden, was einer Abmeldung entspricht.

Verweise

Das Pattern ist auch unter den Namen *Publish-Subscribe*, *Dependents* [GoF] sowie *Publisher-Subscriber* [SteMa] oder *Listener* bekannt.

→ Model View Controller (Abschn. 4.6): Ein View wird als Observer für das Model realisiert, um dortige Änderungen sofort zu reflektieren.

Chain of Responsibility (siehe [GoF]) beschreibt ein Konzept von verketteten Handlern (Vorgänger, Nachfolger). Dabei entscheidet jeder Handler, ob er selbst zuständig ist oder ob er die Kontrolle an seinen Nachfolger weitergibt. Der erste Handler in der Folge ist häufig ein *Observer*, der das Event empfängt, während die Kette meist den Übergang von speziellen zu allgemeinen Antwortmöglichkeiten widerspiegelt.

[GoF], [SteMa].

Strukturmuster

4

4.1 Adapter

Zweck

Ein Adapter „passt die Schnittstelle einer Klasse an eine andere von ihren Clients erwartete Schnittstelle an. Das Adaptermuster lässt Klassen zusammenarbeiten, die andernfalls dazu nicht in der Lage wären" [GoF].

Problem/Kontext

- Sie möchten eine Komponente verwenden, deren Schnittstelle nicht mit der von Ihnen benötigten Schnittstelle übereinstimmt.
- Sie möchten Klassen zusammenarbeiten lassen, die inkompatible Schnittstellen besitzen.
- Eine Komponente besitzt die richtigen Daten und das richtige Verhalten, bietet aber eine unpassende Schnittstelle an.

Lösung

Definieren Sie einen Adapter, der das benötigte Interface implementiert und Anfragen an die vorhandene Komponente weiterleitet

© Springer-Verlag GmbH Deutschland, ein Teil von Springer Nature 2024
K. Eilebrecht, G. Starke, *Patterns kompakt*, IT kompakt,
https://doi.org/10.1007/978-3-658-43234-8_4

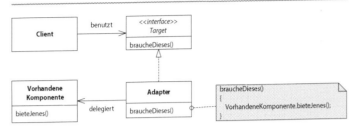

Abb. 4.1 Adapter

(siehe Abb. 4.1). Die vorhandene Klasse (VorhandeneKompo-
nente, Adaptee) wird durch den Adapter an die benötigte Schnittstelle angepasst (adaptiert).

Vorteile

Adapter erlauben es, vorhandene Bibliotheken oder Komponenten zu nutzen, ohne dass Sie sich über deren Schnittstellen den
Kopf zerbrechen müssen. Sie können Adapter dazu verwenden,
unerwünschte Abhängigkeiten zu kapseln, beispielsweise die Anbindung an spezifische Fremdsoftware. Solche Abhängigkeiten
sollten, sofern überhaupt geduldet, nur an einer isolierten Stelle
auftreten.

Durch Adapter entkoppeln Sie Ihre Entwürfe gezielt von den
Details vorhandener Komponenten. Sie können die Implementierung vorhandener Komponenten allein dadurch austauschen, dass
Sie deren Aufruf innerhalb des Adapters anpassen. Dadurch ver-
schaffen Adapter Ihnen ein hohes Maß an Flexibilität.

Sämtliche Abhängigkeiten zeigen vom Adapter weg, die einzige Abhängigkeit liegt in der Erzeugung der konkreten Adapter-
Instanz.

Nachteile

Ein Nachteil des Adapters liegt im Aufwand der zusätzlichen
Delegation. In Systemen mit besonderen Anforderungen an die

Performance ist die zusätzliche Delegation innerhalb des Adapters möglicherweise problematisch. Falls Sie große oder komplexe Objektstrukturen als Übergabeparameter an die vorhandene Komponente erzeugen oder umkopieren müssen, kann sich dies in der Laufzeit bemerkbar machen.

Ein Adapter verbirgt den wahren Charakter einer dahinterliegenden Komponente oder Datenstruktur. Aus Clientsicht banale Operationen (z. B. Sortieren einer Liste) können unerwartet teuer sein.

Verweise

Unser Codebeispiel (siehe [PK]) zeigt die Adaption eines Personendatensatzes aus einem Quellsystem für die Anzeige in einem Zielsystem.

[GoF].

Auch die → Fassade (Abschn. 4.4) ermöglicht die Nutzung vorhandener Komponenten.

→ Proxy (Abschn. 4.5), → Wrapper (Abschn. 6.1) und → Gateway (Abschn. 6.2) helfen Ihnen, vorhandene Komponenten in Ihre Systeme zu integrieren.

4.2 Bridge

„Bridge: Entkoppelt eine Abstraktion von ihrer Implementierung. Häh?" Übersetzt nach [Shalloway-Trott], S. 123.

Zweck

Eine Bridge „entkoppelt eine Abstraktion von ihrer Implementierung, sodass beide unabhängig voneinander verändert werden können" [GoF], S. 151. Änderungen verschiedener Aspekte eines Systems werden voneinander unabhängig.

Szenario

Ihr Handelsunternehmen betreibt mehrere Filialen, besitzt jedoch ein zentrales Lager. Sie verkaufen frische Fische, Zaubertränke und Hinkelsteine. Neben dem Transporttyp „klassischer Versand" bieten Sie den versicherten und (besonders bei Zaubertränken) den begleiteten Transport an. Zukünftig möchten Sie das Produktportfolio noch deutlich erweitern. Zur Belieferung der Filialen stehen Ihnen unterschiedliche Transportmittel zur Verfügung: Mithilfe der guten alten Bahn, Schiffen und sogar Raketen bringen Sie Artikel an deren jeweiligen Bestimmungsort. Sie planen, diese Flotte bei Bedarf, um weitere Fahrzeugarten zu ergänzen, insbesondere wenn der intergalaktische Handel mit Klingonen sich positiv entwickeln sollte (dann können Sie endlich einen der modernen *Beam-O-Matic*-Raumtransporter einsetzen).

In diesem Szenario können zwei Aspekte (Transporttyp und Transportmittel) unabhängig voneinander variieren. Eine feste Zuordnung von Transporttypen zu Transportmitteln (z. B. „versicherter Schiffstransport") wäre unflexibel und würde hohe Aufwände bei der Erweiterung nach sich ziehen.

Problem/Kontext

Eine grundlegende Heuristik beim Entwurf von Klassen besagt, dass Änderungen gekapselt werden sollten: Die Änderungen verschiedener Aspekte sollten voneinander unabhängig sein (vgl. [Panas72]). Im Beispiel möchten Sie

- unabhängig von Ihren Transporttypen neue Transportmittel einsetzen *und*
- unabhängig von Ihren Transportmitteln neue Transporttypen einführen.

Lösung

Definieren Sie eine Klasse *ServiceAbstraktion* als Schnittstelle für Clients. Die *ServiceAbstraktion* implementiert ihr Verhalten mithilfe einer *Facility*-Schnittstelle. Konkrete *Facility*-Subklassen implementieren die Funktionalität der *ServiceAbstraktion*. Die *Facilities* werden von Instanzen der *ServiceAbstraktion* benutzt (siehe Abb. 4.2).

Im Beispiel Ihres Handelsunternehmens stellt der *Transport* die *ServiceAbstraktion* dar. Transportmittel (*TransportImp*) sind die *Facilities*, mit denen Sie die Belieferung der Filialen „implementieren" (siehe Abb. 4.3).

Vorteile

Bridge erlaubt es Ihnen, Ihren Code so zu strukturieren, dass Sie verfeinerte oder erweiterte Services (*Front-End-Objekte*) realisieren können, wobei Sie neue Implementierungen (*Back-End-Objekte*) verwenden können.

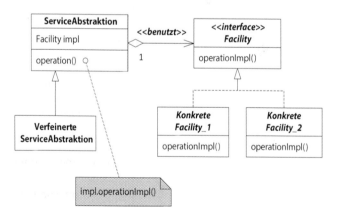

Abb. 4.2 Bridge

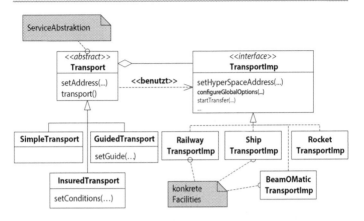

Abb. 4.3 Bridge: Transport-Beispiel

Sie können konkrete Implementierungen mit funktionalen Abstraktionen beliebig mischen (*multiplexen*), ohne dabei die Clients ändern zu müssen.

Verwendung

Setzen Sie das Bridge-Pattern ein, wenn Abstraktionen mit unterschiedlichen Implementierungen vorliegen.

Verweise

Ursprünglich beschrieben in [GoF]. [Shalloway-Trott] motivieren und erläutern das Pattern unserer Meinung nach deutlich besser. Das Muster ist auch unter dem Namen Handle/Body bekannt. Strukturell ähnelt die Bridge auch dem → Adapter (Abschn. 4.1), unterscheidet sich aber im Zweck: Der Adapter macht eine Klasse mit inkompatibler Schnittstelle für Clients nutzbar.

[Duell] zeigt einige Beispiele für den Einsatz des Bridge-Patterns.

Auf der Webseite zum Buch (siehe [PK]) finden Sie ein weiteres Szenario mit einem lauffähigen Codebeispiel zum Experimentieren.

4.3 Decorator (Dekorierer)

Zweck

Ein Decorator fügt einer Komponente dynamisch neue Funktionalität hinzu, ohne die Komponente selbst zu ändern.

Szenario

Von Bruce Eckel (vgl. [Eckel]) stammt folgendes Szenario: Stellen Sie sich vor, Sie betreiben eine Espressobar. Dort bieten Sie typischerweise neben reinem Espresso auch diverse Kaffeevarianten an: echten Kaffee oder entkoffeiniert, mit heißer (Latte Macciato) oder geschäumter Milch (Cappuccino), mit Sahne, mit einer Kugel Eis, mit Likör oder doppelt (Doppio). Wenn Sie diese Kombinationen alle explizit modellieren, erhalten Sie eine unübersichtlich große Zahl von Klassen. Erweiterungen des Angebotes (etwa mit Ahorn- oder Nussaroma) lassen die Anzahl Klassen drastisch weiterwachsen.

Problem/Kontext

Sie möchten die Funktionalität von Objekten ändern, ohne deren Klasse zu ändern.

Lösung

Definieren Sie eine Schnittstelle (hier *Komponente*) für die Objekte, die dynamisch um ein Verhalten oder eine Funktionalität erweitert werden sollen. Leiten Sie davon eine *Dekorierer*-Klasse ab, die eine Referenz auf eine solche Komponente enthält und eine zur Komponente identische Schnittstelle implementiert (siehe Abb. 4.4). *Konkrete Dekorierer* leiten von der neuen *Dekorierer*-Klasse ab. Sie delegieren Aufrufe an die konkrete

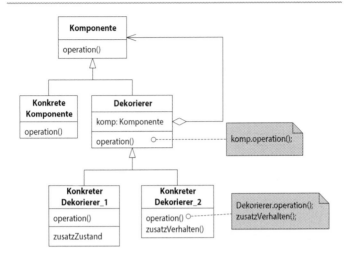

Abb. 4.4 Decorator

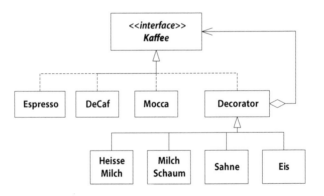

Abb. 4.5 Decorator: Kaffee-Beispiel

Komponente und ergänzen dabei eine Zustandsverwaltung, modifizieren das Verhalten oder bieten zusätzliche Funktionalität an.

Im Beispiel könnten Sie Ihre leckeren Zusatzangebote wie in der Abbildung dekorieren. Ihre Ausgangsgetränke stellen Sie jeweils als eigene konkrete Komponente dar; Sahne, Milch etc. werden zu *konkreten Dekorierern* (siehe Abb. 4.5). Jeder *Konkrete*

Dekorierer ist kompatibel mit dem Interface der *Komponente*.
Hier bleibt es beim Getränk *Kaffee*, wie auch immer er miss-
handelt wurde. 😊

Vorteile

* Das Muster verwendet Komposition statt Vererbung, um zusätzliche Funktionalität zu bieten. Damit bleiben Ihre Klassen
  flexibler. Sie können beispielsweise die Funktionalität eines
  Decorators zur Laufzeit wieder entfernen.
* Komponenten kennen ihre Dekorierer nicht.

Nachteile

Falls Sie viele zusätzliche Funktionen per Decorator anbieten,
entstehen viele ähnlich aussehende Klassen. Eventuell leidet die
Übersichtlichkeit darunter.

Varianten/Strategien

Einen strukturell völlig anderen Ansatz verfolgen die Muster *Decorating Filter* [SUN] sowie das Architekturmuster *Pipes and Filter* [POSA]. Bei diesen beiden wird zusätzliche Funktionalität
über sogenannte Filter geliefert (siehe Abb. 4.6). Eine Anfrage an
eine Komponente wird dann durch eine Kette derartiger Filter ge-
leitet. Ein solcher Filter kann beispielsweise Log-Ausgaben oder
Sicherheitsprüfungen durchführen. Filterketten bieten Ihnen hohe
Flexibilität, etwa durch Konfiguration der Filterkette zur Laufzeit.
Sie können Filter gut wiederverwenden.

Abb. 4.6 Decorating Filter

Praktische Anwendung findet diese Variante auch unter der Bezeichnung *Interceptor* oder *Intercepting-Filter*. So basiert der Kern des JEE-Application-Servers WildFly (www.wildfly.org/) auf einer Kette von zur Laufzeit aufgebauten Filtern, die entsprechend einem Decorating Filter dynamisch Funktionalität zufügen. Die Referenzimplementierung für die Java Servlet API, Tomcat (www.apache.org/), setzt ebenfalls Decorating Filter ein.

Verweise

[GoF]. [Eckel].

Bei der → Strategy (Abschn. 3.5) delegiert eine Komponente Verhalten an ein eigenständiges Strategieobjekt. Durch Ersetzen oder Ändern der Strategy können Sie ebenfalls das Verhalten der Komponente ändern. Im Gegensatz dazu ändert ein Decorator eine Komponente nur „von außen".

[POSA] beschreibt das Filter-Pattern, [POSA-2] das Interceptor-Pattern.

[EJB31PFD]. Ein eigener Teil der Spezifikation zu EJB 3.1 (*Interceptors Requirements*) widmet sich dem Einsatz dieses Patterns in der Welt der Enterprise Java Beans.

Unser Codebeispiel auf der Webseite zum Buch (siehe [PK]) zeigt, wie eine Zahlensequenz mithilfe der *Kugel der Verwirrung* „interceptet" wird, um zufällig erscheinende Gutscheincodes zu generieren.

Im .NET-Framework C# gibt es die Möglichkeit, das Verhalten existierender Klassen im Projekt-Scope einfach um zusätzliche Methoden zu ergänzen (*Extension Methods*, [Troelson]). In einigen Skriptsprachen wie Python kennt man solche Möglichkeiten schon länger. So cool das technisch sein mag, vom Designstandpunkt betrachtet wirkt das ähnlich elegant wie eine Anhängerkupplung an einem Porsche 911!

4.4 Fassade

Zweck

Das Fassade-Muster vereinfacht den Zugriff auf ein komplexes Subsystem oder auf eine Menge zusammengehörender Objekte.

Problem/Kontext

Sie benötigen Zugriff auf ein Subsystem mit komplexen inneren Strukturen. Dabei möchten Sie den Clients möglichst wenige interne Details dieses Subsystems bekannt geben.

Lösung

Definieren Sie eine Fassadenklasse, die den Zugriff auf ein Subsystem oder eine Menge zusammengehörender Objekte kapselt. Erlauben Sie Clients den Zugriff auf diese Objekte nur über die Fassade (siehe Abb. 4.7). Falls Sie sehr umfangreiche Schnitt-

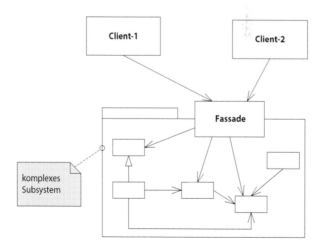

Abb. 4.7 Fassade

stellen über die Fassade anbieten wollen, können Sie die Schnittstellen aufteilen (Prinzip der Aufteilung von Schnittstellen,
Interface-Segregation).

Fassaden können bei Bedarf weitere Verantwortlichkeiten
übernehmen, etwa Zugangskontrolle (*Security*), Management von
Transaktionen oder die Verwaltung von Zustandsinformationen
für Clients oder Server.

Vorteile

Die Fassade entkoppelt Clients von den Details eines Subsystems
oder einer Menge anderer Objekte. Sie können sowohl die Implementierung als auch die Schnittstellen des Subsystems verändern,
ohne Clients anpassen zu müssen.

Nachteile

• Möglicherweise umgehen Clients die Fassade, was den gesamten Ansatz ad absurdum führen würde. In der Regel können Sie
dies nur mit organisatorischen Mitteln verhindern, nicht jedoch mit technischen.

• Falls sich während der Entwicklung des komplexen Subsystems häufig interne Schnittstellen ändern, so müssen Sie oft
auch die Fassade mehrmals anpassen. Das kann zu erhöhtem
Aufwand führen.

Verwendung

Verwenden Sie dieses Muster, um Clients die Nutzung oder den
Zugang zu einem komplexen Subsystem zu vereinfachen.

Varianten/Strategien

Eine *Remote-Fassade* (vgl. [Martin]) stellt einen grobgranularen und remotefähigen Zugang zu feingranularen Objekten bereit.

Die *Session-Fassade* (vgl. [Marinescu]) wird im JEE-Umfeld häufig als Architekturmuster eingesetzt. Dabei kapseln Session Beans den Zugang zu Entity Beans. Die Session-Fassade übernimmt dabei einen Teil der Workflow-Funktionalität, indem pro Anwendungsfall eine Session-Fassade entwickelt wird.

Die *Message-Fassade* (vgl. [Marinescu]) stellt einen asynchronen Zugang zu einem System bereit. Sie entkoppelt Clients damit auch zeitlich von einem Subsystem. Zur Implementierung benötigen Sie entsprechende asynchrone Kommunikationsmechanismen wie Message-Oriented Middleware (MOM, z. B. RabbitMQ, www.rabbitmq.com/).

Verweise

Fassade: [GoF], Remote-Fassade: [Martin], Session-Fassade: [Marinescu].

→ Adapter (Abschn. 4.1): Ein Adapter kapselt den Zugriff auf eine einzelne vorhandene Komponente, wobei die Schnittstelle eines Adapters durch den Client bestimmt wird.

→ Proxy (Abschn. 4.5): Sie können eine Fassade auch als Proxy (Stellvertreter) eines komplexen Subsystems verwenden – und umgekehrt. Üblicherweise setzen Sie Proxies jedoch nur als Stellvertreter für einzelne Klassen ein.

4.5   Proxy (Stellvertreter)

Zweck

Ein Proxy stellt einen Platzhalter für ein anderes Objekt (bzw. eine andere Komponente) dar und kontrolliert den Zugang zum Zielobjekt.

Problem/Kontext

Der Zugang zu einem Objekt kann schwierig oder teuer sein, falls
etwa die Erzeugung eines Objekts aufwendig ist oder lange dauert, das Objekt in einem Netzwerk verteilt liegt oder das Ziel aus
Sicherheitsgründen vor Zugriff von außen geschützt werden soll.

Lösung

Erzeugen Sie eine abstrakte Klasse oder ein Interface, das die gesamte öffentliche Schnittstelle des Objekts (*EchtesObjekt*) definiert. Leiten Sie davon einen Stellvertreter (*Proxy*) ab, dessen
Schnittstelle identisch mit der Schnittstelle des Objekts ist (siehe
Abb. 4.8). Damit kann der Proxy als Ersatz für das Objekt auftreten. Der Proxy kann das echte Objekt erzeugen und, falls nötig,
löschen.

Vorteile

Sie können mit einen Proxy Aspekte implementieren, die mit der
eigentlichen Logik des echten Objekts nichts zu tun haben, beispielsweise Sicherheitsabfragen, Protokollierung, Pooling, Ca-
ching, → Lazy Load (Abschn. 7.3) oder Ähnliches.

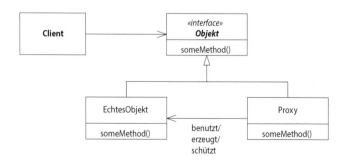

Abb. 4.8 Proxy

Nachteile

Für jede einzelne Methode müssen Sie in der Proxy-Klasse eine Methode gleicher Signatur implementieren. Das erzeugt möglicherweise unerwünschte Redundanz. In manchen Sprachen kann dabei ein sogenannter dynamischer Proxy (*Dynamic Proxy*) helfen, der das Proxy-Objekt zur Laufzeit erzeugt.

Verwendung

Sie können Proxy in verschiedenen Situationen einsetzen:

- *RemoteProxy* kontrolliert Anfragen an entfernte Objekte, falls diese etwa auf anderen Rechnern existieren und deren Nutzung durch Netzwerkzugriffe erschwert oder verteuert wird.
- *VirtualProxy* kann Informationen des echten Objekts enthalten, falls der Zugriff auf das echte Objekt langsam oder teuer ist. Das ist manchmal bei Objekten der Fall, die ihre Informationen aus Datenbanken lesen müssen.
- *ProtectionProxy* sichert das Objekt gegen Zugriffe von außen ab, etwa durch die Prüfung von Zugriffsrechten. Bekannt ist in diesem Zusammenhang der www-Proxy, der den Zugang von einem Intranet ins Internet absichert.
- Der Proxy kann das Verhalten des Objekts erweitern oder verändern. Dies kann nützlich sein, wenn Sie vorhandene Klassen oder Bibliotheken verwenden möchten, ohne diese anzupassen (falls Sie beispielsweise den Quellcode des Objekts nicht kennen).

Varianten/Strategien

Dynamic Proxy Der dynamische Proxy unterscheidet sich vom (statischen) Proxy dadurch, dass er zur Laufzeit für ein Objekt dynamisch erzeugt und nicht bereits zur Implementierungszeit festgelegt wird. Dynamic Proxies finden manchmal Verwendung

als *Interceptor*. Ein *Interceptor* fängt Zugriffe auf das Objekt ab
und kann vor und nach jedem Methodenaufruf bestimmte Aktionen ausführen (vgl. [POSA-2]). Dieses Konzept findet beispielsweise bei dem Java-Application-Server WildFly (www.wildfly.
org/) in Gestalt des Interceptor-Stacks Verwendung. Interceptors
kommen auch bei der Realisierung von aspektorientierter Programmierung (AOP) zum Einsatz. Java bietet durch die Reflection-
API bereits Bibliotheken zur Erzeugung dynamischer Proxies an.
Für .NET gibt es im Rahmen des Open-Source-Projekts *Castle*
eine Bibliothek, die mithilfe von `System.Reflection.Emit`
ähnliche Möglichkeiten bietet.

Verweise

[GoF] und [Martin].

Castle Project (www.castleproject.org/projects/dynamicproxy/)
bietet ein Framework zur Erzeugung von Dynamic Proxies in
.NET.

→ Decorator (Abschn. 4.3).

4.6   Model View Controller (MVC)

Zweck

Die Verantwortlichkeiten beim Aufbau von Benutzerschnittstellen
werden auf drei verschiedene Rollen verteilt, um die unterschiedliche Präsentation derselben Information zu erleichtern.

Szenario

Sie entwickeln eine Software zur Medienverwaltung (CDs, DVDs
etc.). Das Frontend (*User Interface*, UI) soll möglichst flexibel
gehalten werden. Neben konventionellen grafischen Anwendungs-
oberflächen kommen beispielsweise auch HTML-Seiten oder
eine iOS-App infrage. Sie müssen die grafische Darstellung un-

abhängig von anderen Systemteilen austauschen können. Code-Redundanz wollen Sie dabei weitgehend vermeiden.

Problem/Kontext

Sie möchten die (grafische) Schnittstelle zur Benutzung eines Systems von dessen Anwendungsfunktionalität entkoppeln. Das Interface soll häufiger als die Geschäftslogik angepasst (vgl. [POSA-4]) oder in verschieden Formen angeboten werden.

Lösung

Trennen Sie die Verantwortlichkeiten (*Separation of Concerns*) für die Darstellung (*View*), die Verwaltung der darzustellenden Daten (*Model*) und die Kontrolle der Eingaben bzw. der Änderung von Daten (*Controller*) (siehe Abb. 4.9).

Die View beinhaltet die visuellen Elemente (Fenster, Buttons oder auch Frames einer HTML-Seite). Das Modell hingegen verwaltet Daten unabhängig von deren Präsentation. Die dritte Komponente bildet der Controller, der Eingaben der Benutzerinnen und Benutzer verarbeitet, die Modelldaten ändert und für die Aktualisierung der visuellen Darstellung (*View*) sorgt (vgl. [Fowler]), siehe Abb. 4.10.

Sie können die View auch als → Observer (Abschn. 3.7) für das Modell realisieren.

So vermeiden Sie Inkonsistenzen bei mehreren Views desselben Modells (s. a. [SteMa]).

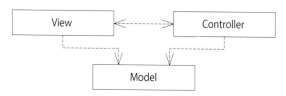

Abb. 4.9 Model View Controller (MVC)

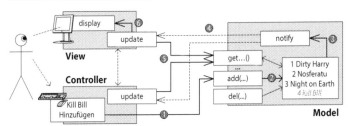

View als Observer: (1) Aufruf   (2) Modelländerung   (3)+(4) Notifizierung   (5)+(6) Aktualisierung

Abb. 4.10 MVC-Anwendungsbeispiel

Vorteile

Ein Austausch der Benutzeroberfläche (auch zur Laufzeit [SteMa]) wird unabhängig vom Modell möglich. Innerhalb der Anwendung können verschiedene (grafische) Interfaces dasselbe Modell präsentieren. Zudem fallen Aufwandsabschätzungen für Anpassungen genauer aus, weil leicht feststellbar ist, welche der drei Teile betroffen sind. Sie können das Modell unabhängig von Controller und View testen [Fowler] statt wie bei einer Mischimplementierung immer alle Teile gemeinsam testen zu müssen.

Nachteile

Der Implementierungsaufwand erhöht sich. Eine Stärke des Ansatzes, nämlich die Unabhängigkeit des Modells, ist ein potenzieller Nachteil bei der gleichzeitigen Darstellung (und Manipulation) derselben Daten in unterschiedlichen Views. In diesem Fall muss dafür Sorge getragen werden, dass bei Änderung der Daten alle Views konsistent bleiben (s. a. [Fowler]). Eine komplexe Aufgabe liegt in der Festlegung des Grundgerüsts (z. B. Interfaces, Events) mit dem Anspruch, allen eventuellen Anforderungen gerecht zu werden (vgl. [SteMa]).

Verwendung

In vielen Frameworks für Benutzeroberflächen (z. B. Java Swing)
wird dieses Pattern reduziert umgesetzt. View und Controller werden dabei vereint. In herkömmlichen Web-Frontends ist es dagegen üblich, diese Funktionalitäten zu trennen [Fowler]. Häufig
ist dort das verwandte Muster *Front Controller* anzutreffen
(z. B. Spring https://spring.io/). Dieser nimmt alle Requests entgegen und transformiert sie in Aufrufe auf den zuständigen Komponenten der Applikation (vgl. [POSA-4]). Ein anderes Beispiel
ist die „Ajaxifizierung", bei der ein Teil des Controllers in Form
von JavaScript-Logik in den Browser verlagert wird. Offline-
fähige Webanwendungen verlagern sogar das Modell (virtuell)
auf die Clientseite, sodass im Browser eine lokale Anwendung
mit hybrider Datenhaltung entsteht.

Varianten/Strategien

Passive View Die View hält keine Referenz auf das Modell und
kann sich daher auch nicht selbst aktualisieren. Der Controller
überwacht neben Eingaben durch Personen auch sonstige Modell-
änderungen und ist *exklusiv* für UI-Updates zuständig. Dies vereinfacht das Testen.

Verweise

→ Observer (Abschn. 3.7).
    → Strategy (Abschn. 3.5): Der Controller kann so implemen-
tiert werden, dass sein Verhalten austauschbar ist (vgl. [SteMa]).
    [POSA-4] und [Fowler] erläutern detailliert weitere Muster im
MVC-Kontext wie *Presentation Abstraction Control, Page Controller, Front Controller, Template View.*
    Auf der Webseite zum Buch (siehe [PK]) finden Sie ein lauf-
fähiges Codebeispiel einer *Passive View* basierend auf Java-
Swing.

4.7   Flyweight

Zweck

Um in einem System eine sehr große Anzahl feingranularer Objekte effizient zu verwalten, wird die gemeinsame Nutzung von Instanzen (*instance sharing*) eingeführt (vgl. [GoF], [SteMa]).

Problem/Kontext

In Ihrer Anwendung wird eine sehr große Menge von Datensätzen analysiert, die im Speicher gehalten werden müssen. Dazu haben Sie eine leichte Struktur entwickelt, die einen Datensatz im Speicher repräsentiert. Um die Elemente vergleichen und sortieren zu können bzw. um Eckwerte aufzusummieren, muss eine Reihe von Werten für jeden Datensatz ermittelt werden. Aufgrund der großen Anzahl Sätze verbietet es sich, die einmal ermittelten Daten in der Datensatz-Struktur abzulegen, weil sich die Datenmenge vervielfachen würde. Sie haben sich daher entschieden, die Kennwerte jedes Mal zu berechnen, wenn sie benötigt werden. Da sich die Datensätze zum Teil erheblich unterscheiden, ordnen Sie beim Import jedem Satz eine Instanz einer CalculationStrategy (→ Strategy (Abschn. 3.5)) zu. Diese ermittelt bei Bedarf die gewünschten Werte. Leider haben Sie nun bei zwei Millionen Datensätzen auch zwei Millionen Instanzen der CalculationStrategy, was sich negativ auf den Speicherbedarf auswirkt.

Lösung

Sorgen Sie dafür, dass eine Instanz des häufig benötigten Objekts (*Flyweight*, Fliegengewicht, siehe Abb. 4.11) simultan mehrfach verwendet wird (*sharing*). Dazu müssen Sie zunächst den Zustand dieser Objekte genauer betrachten. Um Objektinstanzen gleichzeitig mehrfach nutzen zu können, darf es keinen Verarbeitungszustand geben, oder dieser muss aus dem Objekt heraus verlagert werden. Man unterscheidet hier den *intrinsic state*

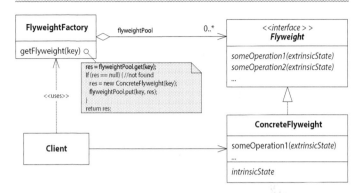

Abb. 4.11 Flyweight

(wesentlich, inhärent) und den *extrinsic state* (von außen wirkend). Im Beispiel der CalculationStrategy-Instanzen besteht der *intrinsic state* aus Konfigurationsparametern, die zum Konstruktionszeitpunkt der Strategy-Instanz einmal gesetzt und danach nicht mehr verändert werden (*immutable*). Der *intrinsic state* eines Flyweights ist unabhängig von dessen Kontext, in dem es eingesetzt wird [GoF]. Der *extrinsic state* wird im Beispiel durch die Werte des Datensatzes (*Client*) gebildet, der das *Flyweight* referenziert. Die benötigten Werte werden bei jedem Methodenaufruf aus dem Datensatz (*Client*) an die Calculation-Strategy (*ConreteFlyweight*) übergeben. Im Gegensatz zum *intrinsic state* ist der *extrinsic state* abhängig vom Kontext; hier von Datensatz zu Datensatz normalerweise unterschiedlich (*non-shareable*). Wenn wir im Beispiel davon ausgehen, dass es derzeit etwa zehn verschiedene Typen von Datensätzen in obigem Szenario gibt (später vielleicht mehr), so werden auch nur zehn verschieden konfigurierte Berechnungsstrategien benötigt. Durch das beschriebene Sharing könnte die Zahl der CalculationStrategy-Instanzen von zwei Millionen auf zehn gesenkt werden.

Für die Erzeugung bzw. Bereitstellung der gemeinsam genutzten Instanzen ist zukünftig exklusiv eine *FlyweightFactory* (→ Abstract Factory (Abschn. 2.1)) zuständig, die für jeden Typ (*key*) des *Flyweights* maximal eine Instanz verwaltet. Im Beispiel ist die Art des Datensatzes der Schlüssel zur Erzeugung einer passenden CalculationStrategy (*ConcreteFlyweight*). Die *Flyweight-Factory* gibt in der Folge zum gleichen Schlüssel stets dieselbe (gepoolte) Instanz zurück.

Vorteile

Die Anzahl der benötigten Objektinstanzen kann stark verringert werden [SteMa]. Häufig werden die existierenden Instanzen zudem „leichter", weil Sie Informationen aus dem Objekt heraus in den *extrinsic state* verlagern. Dieses Pattern dient der Verringerung des Speicherbedarfs und der Entlastung der Laufzeitumgebung bzw. eines evtl. vorhandenen Garbage Collectors. Falls die Objektstruktur persistiert werden muss, kann zudem Platz auf dem Datenträger [SteMa] und Übertragungszeit eingespart werden.

Nachteile

Wenn der *extrinsic state* durch den Client jedes Mal erst berechnet bzw. zusammengestellt werden muss, entstehen Laufzeitkosten (Prozessorzeit), die sich negativ auf die Performance auswirken können. Sie sollten auch berücksichtigen, dass sich die Komplexität der Implementierung erhöht. Bei jeder späteren Erweiterung muss beachtet werden, dass der *intrinsic state* nicht um Daten ergänzt werden darf, die kontextabhängig sind. Auch an anderer Stelle ist Vorsicht geboten: Da die Instanzen eines Flyweights in der Regel mehrfach referenziert sind, kann der unbedachte Einsatz (z. B. als Hash Key) unerwartete Folgen haben.

Verwendung

Vor der Implementierung von Flyweight sollten Sie sich folgende Fragen stellen (vgl. [GoF]):

* Ist die Anzahl der Objekte groß genug, und sind die Kosten für die Speicherung so hoch, dass der Effekt spürbar sein wird?

Möglicherweise ist die Bereitstellung von zusätzlichem Speicher billiger als eine Anpassung der Implementierung.

- Können Sie den Zustand so auf *intrinsic state* und *extrinsic state* verteilen, dass Sie auf wenige gemeinsam genutzte Instanzen kommen? Wenn Sie hinterher sehr viele verschiedene Flyweight-Ausprägungen benötigen, verringert sich der Nutzen dieses Patterns erheblich.
- Können Sie garantieren, dass die Objektidentität der Flyweight-Instanzen nicht benötigt wird (Hash Key etc.)?

Am besten funktioniert dieses Muster, wenn sowohl ein relevanter Anteil *intrinsic state* als auch *extrinsic state* vorliegt, und Letzterer mit wenig Aufwand berechnet werden kann, statt ihn zu speichern (vgl. [GoF]).

Wenn `sizeOf(DS)` die Größe eines Datensatzes im Beispiel ist und `sizeOf(FW)` die Größe einer CalculationStrategy-Instanz (*Flyweight*), so können Sie eine Aussage treffen, wie viele zusätzliche Datensätze Sie in einem gleich großen Speicherbereich unterbringen können, falls Sie statt des naiven den Flyweight-Ansatz verwenden.

Das Einsparpotenzial (pro Datensatz) nähert sich mit steigender Anzahl Datensätze *n* dem Verhältnis (`sizeOf(FW)/sizeOf(DS)`) an, wenn die Anzahl unterschiedlicher CalculationStrategy-Instanzen *m* nach oben abgeschätzt werden kann (siehe Abb. 4.12).

Wenn also der *intrinsic state* (`sizeOf(FW)`) groß ist, jedoch die Anzahl unterschiedlicher *ConcreteFlyweight*-Instanzen (*m*) klein, ist die Speicherplatz-Einsparung durch dieses Pattern maximal.

Im GUI-Bereich finden Sie dieses Entwurfsmuster häufiger. Eine Tabelle besteht beispielsweise aus einer Menge von Zellen, die in Spalten angeordnet sind. Für die Darstellung des Inhalts

$$\lim_{n \to \infty} \left(\frac{n \times sizeOf(FW) - m_{max}(sizeOf(FW))}{n \times sizeOf(DS)} \right) = \lim_{n \to \infty} \left(\frac{n - m_{max}}{n} \right) \times \frac{sizeOf(FW)}{sizeOf(DS)} = \frac{sizeOf(FW)}{sizeOf(DS)}$$

Abb. 4.12 Flyweight: Einsparpotenzial

einer Zelle ist ein sogenannter *Renderer* zuständig. Zellen einer
Spalte (z. B. Datumsangaben) werden häufig identisch dargestellt
und können daher denselben Renderer referenzieren. Dieser besitzt als *intrinsic state* das Datumsformat und die Schriftart. Die
darzustellenden Daten (also das Datum und z. B. eine Aktiv-
Markierung) bilden den *extrinsic state*, der von außen an den Renderer übergeben wird.

Varianten/Strategien

* Clients können nicht unterscheiden, ob sie gerade eine Instanz
  des Flyweights exklusiv oder gemeinsam mit einem anderen
  nutzen. Sie sind nur abhängig vom Interface *Flyweight*. Diese
  Transparenz ermöglicht es, zusätzlich *UnsharedFlyweight s*
  einzuführen (vgl. [GoF]) (siehe Abb. 4.13).
* Im Gegensatz zum *ConcreteFlyweight* kann ein *UnsharedFlyweight* einen beliebigen inneren Zustand haben, weil dieser
  nicht gemeinsam genutzt wird und daher nicht zu Konflikten
  führen kann. Die *FlyweightFactory* hat so die Möglichkeit, in
  Fällen, in denen das Sharing problematisch wäre, spezielle Instanzen zurückzugeben, ohne dass der *Client* eine Unterscheidung treffen muss.
* In einer Multi-Thread-Umgebung müssten Sie normalerweise
  die Pool-Implementierung synchronisieren. Andernfalls be-
  stünde bei gleichzeitigem Zugriff die Gefahr, dass ein bestimmtes Element mehrfach erzeugt wird. Da *ConcreteFlyweights* einen identischen *intrinsic state* haben und per
  Definition sowieso nicht unterscheidbar sind, hat dies jedoch
  keine Auswirkungen auf die Programmlogik. Lediglich der
  Spareffekt gegenüber dem naiven Ansatz wird etwas ge-
  schmälert. Wenn Sie das akzeptieren können, dürfen Sie auf
  die Synchronisation verzichten. Alternativ ist denkbar, jeweils
  eine Instanz aller benötigten *ConcreteFlyweights* im Voraus zu
  erzeugen und in den Pool zu legen, um das Problem von vornherein zu vermeiden.

- Ebenfalls für Multi-Thread-Umgebungen relevant ist die Frage, was zu tun ist, wenn der *intrinsic state* Objekte enthält, die nicht threadsicher sind. Wäre das obige Beispiel (*CalculationStrategy*) in Java realisiert, könnte z. B. ein kompiliertes Regular Expression Pattern ein solcher Stolperstein sein. Um unnötige Synchronisationspunkte zu vermeiden, können Sie in diesem Fall die *FlyweightFactory* mit threadlokalen Pools ausstatten. Dann existiert pro Thread maximal ein *ConcreteFlyweight* eines Typs. Falls nur ein bestimmter Typ des Flyweights von dem Problem betroffen ist, können Sie alternativ in der *FlyweightFactory* zu dessen Schlüssel *UnsharedFlyweights* ausgeben (s. o.) – mit dem Nachteil eines höheren Speicherverbrauchs. Letztlich müssen Sie zusätzliche Laufzeitkosten durch Thread-Synchronisation und erhöhten Speicherbedarf gegeneinander abwägen.

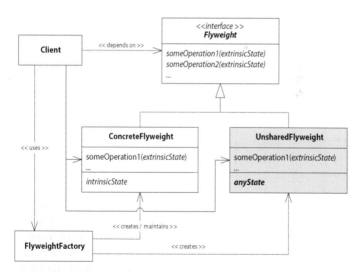

Abb. 4.13 Flyweight: shared vs. unshared

Verweise

→ Strategy (Abschn. 3.5): Üblicherweise ist die Anzahl konkreter Strategien erheblich kleiner als die Anzahl der Objekte (*Clients*), welche die Strategien nutzen.

→ Composite (Abschn. 4.8): [GoF] und [SteMa] heben den Nutzen für die Implementierung eines Kompositums hervor. Dabei kann es interessant sein, gezielt die unterste Ebene einer Hierarchie (Blätter) durch *ConcreteFlyweights* zu realisieren, während die höher gelegenen Ebenen auf *UnsharedFlyweights* abgebildet werden.

→ Object Pool (Abschn. 2.5): Gelegentlich kommt es hier zu Missverständnissen. Obwohl beide Patterns Objektinstanzen „poolen", verfolgen sie vollkommen andere Ziele. Während es bei Flyweight um das Sharing von Objektinstanzen geht, ermöglicht ein Object Pool die Wiederverwendung teurer Objekte, die nicht gemeinsam genutzt werden können und nach Benutzung an den Pool zurückgegeben werden müssen.

[GoF] und [SteMa].

4.8   Composite (Kompositum)

Zweck

Das Composite-Muster ermöglicht die Gleichbehandlung von Einzelelementen und Elementgruppierungen in einer verschachtelten Struktur (z. B. Baum), sodass aus Sicht des Clients keine explizite Unterscheidung notwendig ist.

Szenario

Ihre Software verwaltet unter anderem Aktenstücke. Aktenstücke können entweder atomar sein (Aktenblatt) oder weitere Aktenstücke enthalten. Somit ergibt sich eine verschachtelte Struktur. Einige Operationen (z. B. Löschen oder Umbenennen) sind unabhängig davon möglich, ob es sich um ein Blatt oder ein zusammengesetztes Aktenstück handelt. Sie möchten erreichen, dass ein Client diese allgemeinen Operationen direkt anwenden kann, ohne eine explizite Unterscheidung treffen zu müssen.

Problem/Kontext

Sie haben es mit einer verschachtelten Struktur zu tun, in der Elemente verwaltet/manipuliert werden, von denen jedes entweder atomar ist (Blatt) oder aber weitere Elemente verwaltet (rekursive Struktur). Logisch sind die untergeordneten Elemente entweder Teile (*part-of*), Inhalte (*contain*) oder aber Mitglieder (*collection-members*) des übergeordneten, [POSA]. In jedem Fall besteht die Forderung, alle Elemente einer Ebene bis zu einem gewissen Grad gleich zu behandeln, ohne erst ihren individuellen Charakter zu bestimmen (vgl. [GoF]).

Lösung

Sie definieren ein Kompositum-Objekt (im Beispiel das Aktenstück selbst), das dieselbe Schnittstelle wie die atomaren Elemente (Aktenblatt) implementiert. Diese Komponentenschnittstelle kann in Form eines Interfaces oder einer abstrakten Klasse realisiert sein (siehe Abb. 4.14).

Das Kompositum-Objekt verweist nun seinerseits auf Objekte, die ebenfalls diese Schnittstelle implementieren – also Blätter

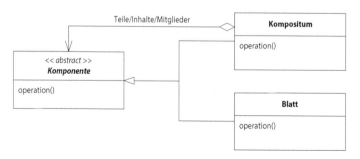

Abb. 4.14 Composite

oder weitere Kompositum-Objekte. Es leitet Methodenaufrufe an die verlinkten Elemente weiter (*forwarding*).

Da das Kompositum-Objekt die gleiche Schnittstelle implementiert wie ein atomares Element (Blatt), muss der Client beim Zugriff keine explizite Unterscheidung treffen.

Vorteile

Die Implementierung des Client-Zugriffs vereinfacht sich, weil alle Elemente einer Ebene gleichbehandelt werden können. Sie können neue Elemente, welche die allgemein definierte Schnittstelle implementieren, auf einfache Weise einbinden.

Nachteile

Oftmals stoßen Sie schon bei der Namensfindung für die gemeinsame Schnittstelle auf Probleme. Unter Unix beispielsweise umfasst der Begriff „file" auch Verzeichnisse, durchaus missverständlich. Sie sollten in der gemeinsamen Schnittstelle nach Möglichkeit nur Methoden definieren, die für alle Blätter und das Kompositum-Objekt selbst möglich bzw. sinnvoll sind. Es ist abzuwägen zwischen der Forderung nach transparentem Zugriff und einer plausiblen Schnittstelle. Sie sollten zudem sicher sein, dass das Kompositum zur Laufzeit wirklich alle anderen Elemente enthalten darf. Die spätere Einschränkung auf eine Teilmenge erfordert aufwendige Laufzeitchecks (vgl. [GoF]).

Verweise

Auf der Webseite zum Buch (siehe [PK]) finden Sie ein lauffähiges Codebeispiel.

→ Iterator (Abschn. 3.3): Sie können dieses Pattern verwenden, um unterschiedliche Traversierungsvarianten für das Kompositum anzubieten.

Verteilung

5.1 Combined Method

Zweck

Mehrere Methodenaufrufe werden in einer neuen Methode des Komponenteninterfaces zusammengefasst, um Aufrufreihenfolgen, Transaktionssicherheit bzw. Fehlerbehandlung besser gewährleisten zu können bzw. zu vereinfachen.

Szenario

Sie wollen ein System zur Stammdatenverwaltung erweitern. Die Eingabe neuer Artikel soll in der Anwendung eines anderen Anbieters online ermöglicht werden. Für die Schnittstelle haben sich die Teams auf Webservices geeinigt.

Aus historischen Gründen besteht die Anlage eines Artikels mithilfe Ihrer Produktverwaltungskomponente (*ProductManager*) aus vier Aufrufen, die transaktional in einer festgelegten Reihenfolge ausgeführt werden müssen. Nachdem mit `create-Product()` ein neuer Artikel erstellt wurde, muss dieser mit `registerProduct()` registriert werden. Dabei wird die offizielle Artikelnummer erzeugt, die mit `updateProduct()` am Artikel gespeichert wird. Schließlich muss das neue Produkt mit

© Springer-Verlag GmbH Deutschland, ein Teil von Springer Nature 2024
K. Eilebrecht, G. Starke, *Patterns kompakt*, IT kompakt, https://doi.org/10.1007/978-3-658-43234-8_5

`assignCategories()` mindestens einer Kategorie zuge-
ordnet werden. Würde einer der Schritte entfallen, wäre das Produkt inkonsistent. Auch die Reihenfolge ist nicht beliebig.

Die Bereitstellung des Komponenteninterfaces in Form von
Webservice-Methoden ist schnell erledigt. Sie dokumentieren die
Aufrufreihenfolge, stellen dabei aber ein Problem mit der Transaktionssicherheit fest. Die gespeicherten Produktdaten sind inkonsistent, falls einer der vier Schritte (`createProduct()`,
`registerProduct()`, `updateProduct()`, `assignCa-
tegories()`) einzeln fehlschlägt.

Bei der Artikelerzeugung innerhalb Ihrer Anwendung gewährleistet bisher eine übergreifende Transaktion im Applikationsserver, dass entweder alle Schritte erfolgreich durchgeführt werden oder bei einem Fehler alle bereits erfolgten Änderungen
rückgängig gemacht werden (*rollback*). Die neue Client-
komponente ist nun jedoch durch Webservices entkoppelt. Methoden wie `createProduct()` und `registerProduct()`
laufen daher auf dem Server in Einzeltransaktionen. Bricht einer
der Schritte ab, ist das System zunächst einmal inkonsistent.

Da Sie Aufräumarbeiten nicht dem Client übertragen möchten,
suchen Sie einen Weg, die Konsistenz serverseitig zu gewährleisten.

Problem/Kontext

Die Ausführung einer Operation erfordert eine Folge von Methodenaufrufen auf einer Komponente. Dabei sind bestimmte Vorgaben (z. B. hinsichtlich Reihenfolge, Transaktionsmanagement
oder Fehlerbehandlung) zu beachten. Sie möchten diese Verantwortlichkeiten nicht den Clients der Komponente übertragen.

Lösung

Erweitern Sie das Komponenteninterface. Kombinieren Sie die
für die Gesamtoperation erforderlichen Aufrufe in einer neuen
Interface-Methode.

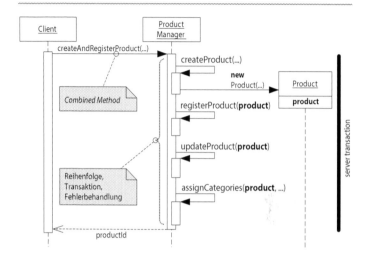

Abb. 5.1 Combined Method

Im Beispiel wird die ProductManager-Schnittstelle um die Methode `createAndRegisterProduct()` erweitert (siehe Abb. 5.1).

Die Transaktionssicherheit ist nun serverseitig gewährleistet. Der Client erhält entweder die ID (*productId*) des neu erzeugten Artikels oder eine Fehlermeldung.

Vorteile

- Das Interface der Komponente wird aus Sicht des Clients ausdrucksstärker, weil es sich stärker an fachlichen Zusammenhängen orientiert.
- Das System wird robuster, weil Aspekte wie Fehlerbehandlung, Transaktionsmanagement und Reihenfolgebeachtung an zentraler Stelle implementiert sind. Eine ganze Reihe von Fehlersituationen, die jeder Client sonst behandeln müsste, können gar nicht mehr auftreten. Für die Clients vereinfacht sich die Verwendung der Komponente.
- Der Verwaltungsoverhead (z. B. Netzwerkaufrufe) für die Ausführung der Aufgabe wird reduziert.

- In bestimmtem Umfang können Sie die Komponenten-
  implementierung ändern, ohne die Clients anzupassen. Sollte
  es beispielsweise in obigem Szenario später nicht mehr erforderlich sein, einen neuen Artikel sofort einer Kategorie zuzuordnen, können Sie diesen Schritt in der Methode `create-
  AndRegisterProduct()` einfach weglassen.

Nachteile

Bei einer Komponente mit zentralen Aufgaben ist ein allgemeines
Interface von Vorteil, weil sie von sehr verschiedenen Clients verwendet werden soll. Das Ergänzen von *Combined Methods* für
einzelne Clients bläht das Komponenteninterface auf und macht
es unhandlich. In einem solchen Fall können Sie das Muster →
Fassade (Abschn. 4.4) verwenden, um für bestimmte Clients an-
gepasste Schnittstellen zur Verfügung zu stellen, ohne das ursprüngliche Komponenteninterface zu verschmutzen.

Verwendung

- Verwenden Sie *Combined Method*, um den Client einer Komponente vor Problemen wie Transaktionsaktionssicherheit,
  komplizierter Fehlerbehandlung oder Reihenfolgebeachtung
  abzuschirmen. Die Forderung nach einer Reihenfolge ist übrigens nicht immer offensichtlich. Im Zusammenspiel mit
  Datenbanken kann das Ignorieren von Reihenfolgefragen zu
  Deadlocks führen, weil Sperren auf verschiedenen Tabellen
  zufällig *über Kreuz* angefordert werden und so eine Transaktion auf die jeweils andere wartet. Solche Fehler sind sehr
  lästig, weil sie nur gelegentlich auftreten (schwer reproduzierbar) und dann zu „Hängern" führen. Der Einsatz von *Combined Method* trägt zur Vermeidung solcher Probleme bei, weil
  die Abfolge der Schritte nicht durch die verschiedenen Client-
  implementierungen, sondern zentral in einer Komponenten-
  methode definiert wird.

- Sie können das Muster dazu nutzen, komplexe Verteilungs-aspekte vor dem Client zu verbergen. Dieser muss nicht „wis-sen", dass mehrere entfernte Objekte abzufragen, zu erzeugen, zu löschen oder zu aktualisieren sind, um eine bestimmte Auf-gabe zu erfüllen.
- Mit diesem Pattern können Sie Probleme des konkurrierenden Zugriffs adressieren. Eine Sperre (s. a. → Coarse-Grained Lock (Abschn. 7.4)) wird in der *Combined Method* angefordert und sicher (*finally*) wieder entfernt.

Verweise

[POSA-4].

→ Data Transfer Object (Abschn. 5.2): Sie können damit die Eingabeparameter oder Rückgabewerte in Strukturen zusammen-fassen.

→ Fassade (Abschn. 4.4) sieht ähnlich aus, verfolgt aber an-dere Ziele.

Batch-Methode (detailliert beschrieben in [POSA-4]): Der Client übergibt einer Methode eine Liste von Parameterdaten-sätzen zur Verarbeitung (*bulk access*). Rückgabe ist eine Liste mit den korrespondierenden Ergebnissen. Statt also verschiedene Methodenaufrufe in einem einzigen zusammenzufassen, wird die Anwendung einer Methode auf mehrere Datensätze in einer neuen realisiert. Eine *Batch-Methode* kann gleichzeitig das Muster *Combined Method* implementieren.

5.2   Data Transfer Object (DTO, Transferobjekt)

Zweck

Das Data Transfer Object fasst in einer verteilten Umgebung zu übertragende Daten in einem neuen Objekt zusammen, um die Anzahl der entfernten Methodenaufrufe zu reduzieren und somit das Netzwerk zu entlasten.

Problem/Kontext

Sie stehen vor der Aufgabe, die Performance in einem verteilten System zu verbessern. In der vorliegenden Anwendung müssen ständig Daten zwischen den Geschäftsobjekten (z. B. Person, Adresse) und den Clients übertragen werden. Letztere greifen über getter/setter-Methoden auf die Geschäftsobjekte zu (siehe Abb. 5.2).

Da es sich in der Regel um entfernte Methodenaufrufe handelt und die Geschäftsobjekte eine große Anzahl von Attributen besitzen, wird das Netz sehr stark belastet.

Lösung

Erstellen Sie für die Anwendung passend geschnittene Data Transfer Objects, welche die relevanten Attribute der Geschäftsobjekte zusammenfassen. Diese Objekte müssen leichtgewichtig und serialisierbar sein.

Übertragen Sie Transferobjekte anstelle einzelner Attributwerte. Das reduziert die Anzahl entfernter Methodenaufrufe (siehe Abb. 5.3).

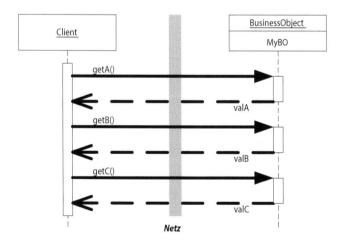

Abb. 5.2 Problem: Viele Zugriffe

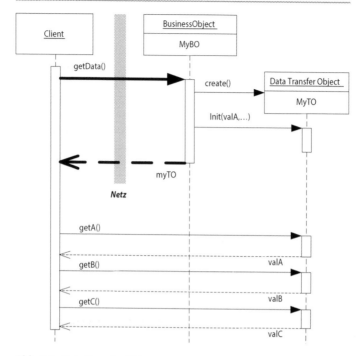

Abb. 5.3 Data Transfer Object

Vorteile

Für ein Geschäftsobjekt mit n relevanten Attributen erfolgt nur noch ein entfernter Methodenaufruf, um alle Daten zu übertragen. Bei (fachlich) identischer Datenmenge wird so der technische Overhead reduziert und die Performance verbessert. Sie stabilisieren zudem die Schnittstellen der Geschäftsobjekte. Entfallen dort Attribute, können die entsprechenden Attribute des Transferobjekts bis zur Anpassung des Clients mit Dummy-Werten gefüllt werden.

In modernen Frameworks sind die Geschäftsobjekte selbst leichtgewichtig und transportabel (z. B. JEE POJOs), sodass der ursprüngliche Leidensdruck des attributzentrierten entfernten Aufrufs entfällt. Hier liegen die Vorteile des DTO-Patterns in der

Client-gerechten Schneidung benötigter Objekte. Transferobjekte
können Attribute vor einem Client verbergen oder einen Schreib-
schutz implementieren. [Ganns] erwähnt zudem, dass viele Proto-
kolle (SOAP, RESTful XML, JSON) derzeit nicht mit Objekt-
graphen umgehen können, die zirkuläre Referenzen enthalten.
Beim Versuch, eine Struktur aus Geschäftsobjekten rekursiv zu
serialisieren, scheitern die Bibliotheken an Zyklen. Mit geeigneten DTOs können Sie dieses Problem geschickt umgehen.

Nachteile

Oft werden durch die Verwendung von Transferobjekten etwas
mehr Daten transportiert, als situationsbedingt vom Client benötigt (vgl. [SUN]). Weiterhin steigt durch das Data Transfer Object die Gesamtanzahl der Zugriffe (durch Kopieroperationen).
Hinzu kommt der Aufwand für die Erzeugung des Transferobjekts, das allerdings mehrfach verwendet werden kann.

Bei mehreren Clients besteht die Gefahr, dass verschiedene
Clients unterschiedliche Stände lokal halten, die nicht mehr mit
den Daten des Geschäftsobjekts übereinstimmen (s. a. → Identity
Map (Abschn. 7.2)). Die Situation verkompliziert sich weiter,
falls die Clients die Daten des Transferobjekts ändern dürfen.
Nicht zu unterschätzen ist die enge Kopplung zwischen Geschäftsobjekten und Transferobjekten.

In der Praxis werden Sie kaum DTOs exklusiv geschnitten für
jeden einzelnen Anwendungsfall sehen. Pragmatische Entwicklerinnen und Entwickler treffen immer eine sorgfältige
Entscheidung zwischen gemeinsamer Nutzung und exakt zu-
geschnittenen DTOs. Während die Wiederverwendung durchaus
Vorteile hat, wie Codereduktion und genormte Rückgabe-
strukturen, die das Verständnis und die Dokumentation erleichtern, kann sich aus unspezifischen DTOs ein Problem ergeben. In einem realen Beispiel ging es um die JSON-Strukturen
(ja, auch eine Form von DTO ☺), die zwischen dem Backend
und einer Web-Oberfläche ausgetauscht wurden. Ein aufmerk-
samer REACT-Entwickler war beim Debuggen auf seltsame Informationen gestoßen, die mit seiner Komponente nichts zu tun

hatten, nicht in der Oberfläche angezeigt wurden und schlimmer noch, die im aktuellen Szenario arbeitende Anwender und Anwenderinnen gar nichts angingen. Was war passiert? Eine existierende Datenstruktur des Systems war wiederverwendet worden, durchaus eine ökonomisch nachvollziehbare Entscheidung. Leider wurde dabei übersehen, dass einige der nicht benötigten Felder schützenswert waren. Vermeintlich unsichtbare Informationen sind gerade bei Webanwendungen, bei denen Krethi und Plethi zur Laufzeit mit wenigen Klicks tiefe Einblicke in Ihren Frontendcode erhalten, eine nicht zu unterschätzende Gefahr!

Varianten/Strategien

- In komplexen Anwendungen kann ein Geschäftsobjekt für unterschiedliche Anwendungsfälle verschiedene Data Transfer Objects bereitstellen, die jeweils einen Ausschnitt seiner Attributmenge transportieren.
- Es kann sinnvoll sein, dem Client auch das Ändern der Daten des Transferobjekts zu gestatten und somit auch das Setzen der Daten vom Client aus über Transferobjekte zu handhaben (*Updatable Data Transfer Object*).
- Fallabhängig kann man die Attribute des Transferobjekts einfach public deklarieren (bzw. Properties in .NET) oder jeweils getter- und setter-Methoden definieren.
- Um Unterschiede in der Namensgebung der Geschäftsobjektattribute und der jeweiligen Transferobjekte von vornherein auszuschließen, kann das Geschäftsobjekt die gleiche Schnittstelle wie das Data Transfer Object implementieren.
- Das Transferobjekt wird meist über eine entsprechende Methode durch das Geschäftsobjekt bereitgestellt bzw. entgegengenommen. Lässt man das Geschäftsobjekt vom Data Transfer Object ableiten, kann man die Logik dieser Methoden (`get-Data()`, `setData()`) im Transferobjekt pflegen. Diese Variante ist in Sprachen ohne Mehrfachvererbung (z. B. Java) aber oft aufgrund einer bestehenden Vererbungsbeziehung nicht realisierbar.

- Es ist denkbar, eine Fabrik bereitzustellen, die durch das Geschäftsobjekt verwendet wird, um zugehörige Transferobjekte zu erzeugen.
- In Programmiersprachen, die neben Typen (Klassen) auch einfache sogenannte Werttypen (Strukturen) unterstützen (z. B. structs in C#), sollten Letztere an dieser Stelle zum Einsatz kommen. Einzelne Instanzen sind in der Regel leichtgewichtiger und damit besser für die Übertragung geeignet.
- Komplexe (zusammengesetzte) Transferobjekte, die auf mehreren Geschäftsobjekten basieren, können durch einen sogenannten *Transfer Object Assembler* erstellt werden. In der Regel wird dabei das neue Objekt aus den Transferobjekten der beteiligten Geschäftsobjekte zusammengesetzt.
- [Fowler] beschreibt einen interessanten Anwendungsfall bei asynchroner Übertragung: Der Aufrufer muss gegenüber einzelnen Methodenaufrufen bei der Verwendung des Transferobjekts keine Prüfung der Attributmenge auf Vollständigkeit und Konsistenz vornehmen. Andererseits ist die Anwendung von Lazy Load in Verbindung mit Transferobjekten denkbar.
- Eine Möglichkeit, das Problem der Herausgabe unzulässiger Feldinhalte zu vermeiden, ist *Attribute Based Access Control (ABAC)*. Das Backend prüft dabei, ob ein Client (eine Person oder ein Prozess) im aktuellen Kontext ein Feld sehen sollte oder nicht und wie die Situation gehandhabt werden soll (z. B. Wert ersetzen, verschlüsseln oder auch Sinn- bzw. Form-erhaltend verschleiern).

Verweise

Value Object: Der Begriff wird insbesondere im JEE-Umfeld synonym verwendet. Dies führt zu einer Namenskollision mit dem von [Fowler] eingeführten und auch in diesem Buch vertretenen → Value Object (Abschn. 9.5).

Das Vorgehen bei der Konzeption eines REST-Ressourcenmodells folgt ähnlichen Prinzipien wie die Schneidung von DTOs unter Berücksichtigung möglicher Anwendungsfälle. Es besteht ein n:m-Verhältnis der DTOs bzw. REST-Ressourcen zu

Systemressourcen (siehe auch [Fielding]). Ketzer würden vielleicht sagen, eine REST-Entität (Body) ist ein DTO im Frack. 😌 Wenn Sie mit vielen unterschiedlichen Clients oder Anwendungsfällen kämpfen haben und die Schneidung bzw. Pflege optimal zugeschnittener Datenstrukturen zum Problem wird, dann ist eventuell GraphQL (https://graphql.org/) eine Alternative. Dabei nutzt ein Client eine Abfragesprache, um gezielt die Attribute zu lesen oder zu manipulieren, die gerade relevant sind. Eine strenge Schemadefinition gewährleistet dabei die sinnvolle Strukturierung und Typisierung der Daten.

→ Abstract Factory (Abschn. 2.1).

→ Lazy Load (Abschn. 7.3).

[SUN], [Bien], [Ganns].

5.3 Active Object

Zweck

Dieses Muster entkoppelt einen Methodenaufruf von der Methodenausführung. Client und Komponente werden in unterschiedlichen Threads ausgeführt und interagieren asynchron.

Szenario

Ein Zusammenschluss von Handelsunternehmen für Premiumgebrauchtwagen möchte seinen Service zur bundesweiten Suche durch eine Software verbessern. Mit dieser soll es Beraterinnen und Beratern ermöglicht werden, ohne viel Telefoniererei nach passenden Fahrzeugen zu suchen, die gegenwärtig oder bis zu einem bestimmten Termin verfügbar sind. Dazu werden die verschiedenen Systeme, die bei den Betrieben im Einsatz sind, abgefragt (s. a. → Gateway (Abschn. 6.2)). Anfragen können einige Zeit dauern, zumal bei einigen kleineren Unternehmen „mündliche Schnittstellen" die Bearbeitung verzögern.

Es ist nicht akzeptabel für das Beratungspersonal, auf das Ergebnis einer Anfrage zu warten und währenddessen auf die Software verzichten zu müssen. Stattdessen sollen Beratende mit der Kundin oder dem Kunden über Alternativen sprechen und gegebenenfalls im System weiter nach anderen Fahrzeugen suchen können.

Problem/Kontext

Eine Operation, die von einer Komponente angeboten wird, dauert verhältnismäßig lange. Sie möchten vermeiden, dass der Thread eines Clients synchron auf das Ergebnis einer Methodenausführung warten muss und somit für andere Aufgaben blockiert ist.

Lösung

Entkoppeln Sie die Anfrage an das System von deren Abarbeitung. Der Client ruft an der Schnittstelle (*ComponentInterface*, s. a. → Proxy (Abschn. 4.5)) der Komponente (im Beispiel die Fahrzeugsuche) synchron eine Methode auf. Diese Methode kehrt sofort zurück, während die Operation (hier die Suche) in einem separaten Thread abläuft (siehe Abb. 5.4).

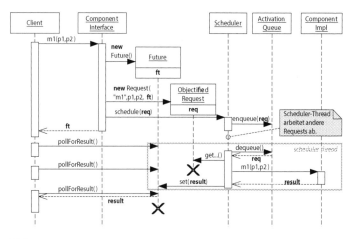

Abb. 5.4 Active Object

Der Methodenaufruf (Suchanfrage) wird dazu in ein Objekt gekapselt (*ObjectifiedRequest*, [POSA-4]) und an einen Scheduler übergeben. Dieser verwaltet eine Warteschlange (*ActivationQueue*) und führt synchron Methodenaufrufe auf der Komponente (*ComponentImpl*) aus. Die Übergabe des Ergebnisses (gefundene Fahrzeuge) an den Client geschieht über ein sogenanntes *Future* (s. a. [POSA-4]). Dabei handelt es sich um eine Objektinstanz, die der Client sofort als Rückgabe des synchronen Aufrufs der Suchmethode erhält. Das Future wird durch den Hintergrundprozess (Fahrzeugsuche) aktualisiert und stellt Methoden zur Abholung des Ergebnisses bereit; ein Ansatz der auch als *two-way* bezeichnet wird [LavSch]. Der Client fragt das Future periodisch nach dem Ergebnis (*Polling*).

Im Beispiel kann das Personal während der Suche das Gespräch mit der Kundschaft ohne Unterbrechung fortführen und dabei auch auf die Software zurückgreifen. Weitere parallele Suchanfragen mit veränderten Kriterien sind möglich. In der Anwendung gibt es eine Übersicht, in der Beratenden die Ergebnisse ihrer Suchanfragen übersichtlich präsentiert werden.

Vorteile

- Sie erhöhen die Nebenläufigkeit. Die Leistung des Systems kann besser genutzt werden.
- Der Thread des Clients ist für die Dauer der Methodenausführung nicht blockiert.
- Die Ausführungsordnung kann von der Eingangsordnung der Methodenaufrufe abweichen ([LavSch], s. a. Varianten/Strategien).
- Die Synchronisation wird durch den Scheduler vereinfacht [POSA-4]. Dieser verhindert den konkurrierenden Zugriff auf die Komponente (ComponentImpl).

Nachteile

- Die Komplexität erhöht sich deutlich. Für einen vorher synchronen Methodenaufruf kommt nun eine schwergewichtige

Infrastruktur zum Einsatz (vgl. [POSA-4]). Dies kann auch die
Performance negativ beeinflussen (vgl. [LavSch]).

• Die „Objektifizierung" eines Methodenaufrufs bedeutet normalerweise auch die Serialisierung der Parameter und des Ergebnisses, weil Sie garantieren müssen, dass diese bis zur Ausführung bzw. Abholung gültig und unverändert bleiben. Dies ist
  unter Umständen teuer oder nicht ohne weiteres möglich.
• Die Entkopplung und die Nebenläufigkeit erschweren das Debugging [POSA-4], [LavSch].

Varianten/Strategien

• Das Future kann optional eine Methode anbieten, in der der
  Client synchron auf das Ergebnis wartet, anstatt zu pollen.
• Sie können das Muster ohne Future implementieren. Der
  Client erhält kein Rückgabeobjekt (*oneway*, vgl. [LavSch]). Er
  kann als → Observer (Abschn. 3.7) der Komponente registriert
  werden, der bei Vorliegen des Ergebnisses benachrichtigt wird.
• Für die Übergabe des Ergebnisses, bzw. die Notifizierung,
  können Sie auf eine andere Technik oder ein separates Medium
  ausweichen (Anwendungsteil „Inbox" oder E-Mail, SMS etc.).
  Im Beispiel könnten Suchergebnisse einfach im Posteingang
  des Beratungspersonals abgelegt werden.
• Sie haben die Möglichkeit, das Muster so zu erweitern, dass
  der Client über den Fortschritt der Operation auf dem Laufen-
  den gehalten wird.
• Das *ComponentInterface* kann dergestalt angepasst werden,
  dass der Client-Thread zunächst für eine definierte Zeitspanne
  synchron auf Ergebnisse wartet. Im Beispiel ließe sich so der
  Bedienungskomfort der Anwendung noch verbessern. Ergebnisse von Anfragen, die unter 5 s benötigen, werden dem Beratenden direkt präsentiert. Dauert die Suche länger, erscheint
  ein Hinweis, und das Ergebnis wird später im Nachrichtenein-
  gang abgelegt.
• Durch die Entkopplung muss das Ergebnis des Methodenaufrufs zum Zeitpunkt der Rückgabe noch nicht vollständig sein.
  Im Beispiel könnte die Suchanfrage über mehrere Stunden

oder Tage hinweg immer wieder Ergebnisse liefern, die der Client nach und nach erhält bzw. am Future abfragt. Beratende hätten dann die Möglichkeit, die Kundin oder den Kunden noch einmal anzurufen, um eine Alternative vorzustellen.

- Sie können mehrere Instanzen der ausführenden Komponente (*ComponentImpl*) vorsehen, die parallel durch den Scheduler verwendet werden [POSA-4], um den Durchsatz zu erhöhen.
- Die Ausführung einer Anfrage kann mit einem Zeitrahmen bzw. Timeout versehen werden.
- Sie können die Aufgaben des Proxy-Objekts (*ComponentInterface*), also die Umwandlung des synchronen Methodenaufrufs in ein *ObjectifiedRequest*-Objekt in den Client verlagern (vgl. [LavSch]). Der Proxy entfällt dann. Ein Client erzeugt selbst das *ObjectifiedRequest*-Objekt zur Übergabe an den Scheduler.
- Da ein Scheduler die Abarbeitung der eingehenden Requests steuert, können Sie Priorisierungen einführen. Im Beispiel würden Anfragen zu sehr exklusiven Fahrzeugen oder „Geschäftsleitungsanfragen" normale Anfragen überholen.
- Sie können den Proxy oder den Scheduler um eine Methode erweitern, die es einem Client ermöglicht, eine Anfrage abzubrechen. Bezogen auf das Beispiel bekämen Beratende die Möglichkeit, eine Suche zu verwerfen, an deren Ergebnis kein Interesse mehr besteht.

Verweise

[POSA-4].

Dieses Pattern ist auch unter den Namen *Concurrent Object* und *Actor* bekannt [LavSch].

→ Proxy (Abschn. 4.5): Ein *RemoteProxy*, wie er bei Java RMI, CORBA (vgl. [LavSch]) aber auch in Verbindung mit Web-Services zum Einsatz kommt, ist eine technisch motivierte Form von Active Object.

→ Command (Abschn. 3.1): Ein ObjectifiedRequest hat Ähnlichkeit mit einem Command.

→ Leader-Follower (Abschn. 5.4): Sie können die Abfragen der unterschiedlichen Betriebe parallel ausführen.

5.4   Leader-Follower

Zweck

Unabhängige Teilaufgaben innerhalb einer Serviceimplemen-
tierung werden in separaten Threads ausgeführt (*divide and con-
quer*), um Qualitätsanforderungen (i. d. R. Performance) besser
zu erfüllen.

Szenario

Ihre Software enthält eine Statusbericht-Komponente, die jeder-
zeit Informationen über den Zustand der verschiedenen Subsysteme, Warteschlangen, Ausführungseinheiten etc. zusammen-
tragen und in Form eines Berichts zurückgeben kann. Dazu
werden die verteilt ablaufenden Komponenten nacheinander abgefragt, um deren Statusinformationen anschließend aufzu-
bereiten.

Sie stellen fest, dass die Performance problematisch ist, sobald
viele Komponenten deployt auf mehreren Maschinen im Einsatz
sind, weil sich die Latenzen für die Statusabfragen summieren.
Einige Berechnungen (z. B. Median oder Quantile) können zudem erst durchgeführt werden, nachdem sämtliche Komponenten
abgefragt wurden. Um die im Auftrage geforderten Anforderungen
zu erfüllen, müssen Sie die Antwortzeiten der Statusbericht-
Komponente senken.

Problem/Kontext

Eine Komponente bietet eine komplexe Operation an, deren Verhalten Sie hinsichtlich nicht-funktionaler Anforderungen wie
z. B. Performance, Fehlertoleranz oder Genauigkeit (vgl. [PO-
SA-4]) verbessern möchten.

Lösung

Identifizieren Sie unabhängige Teilschritte und führen Sie diese parallel in unterschiedlichen Threads aus. Im Beispiel sind die Datenabfragen an den verschiedenen Komponenten voneinander unabhängig. Erst bei der anschließenden Auswertung wird ein Zusammenhang hergestellt (siehe Abb. 5.5).

Die Komponente implementiert einen Dienst (*LeaderService*), der intern unabhängige Teilaufgaben (*FollowerServices*) *parallel* ausführt und aus den Rückgaben sein eigenes Ergebnis ermittelt. Die Kommunikation zwischen Leader und Follower erfolgt über ein sogenanntes *Future*, ein Objekt, das der Leader dem Follower übergibt, damit dieser sein Ergebnis dort später ablegen kann. Der Leader fragt das Future regelmäßig ab (*Polling*), bis alle Resultate vorliegen.

Vorteile

Das Muster kann die Performance in einer Umgebung mit mehreren Prozessoren (bzw. Kernen, Maschinen) erheblich steigern,

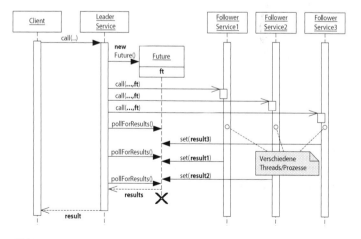

Abb. 5.5 Leader-Follower

falls sich eine Aufgabe in unabhängig ausführbare Teilaufgaben splitten lässt (vgl. [POSA-4]).

Nachteile

- Die Komplexität der Implementierung erhöht sich.
- Sie müssen auf die Teilergebnisse warten und die Threads sicher synchronisieren.

Varianten/Strategien

- Im Beispiel kümmern sich die FollowerServices selbst um die asynchrone Ausführung (vgl. → Active Object (Abschn. 5.3)). Alternativ dazu kann der LeaderService mehrere Threads für die Aufrufe der FollowerServices verwalten.
- Ein Future ist nur eine Möglichkeit, die Teilergebnisse zu übergeben. Alternativ kann Messaging zum Einsatz kommen oder der Leader als → Observer (Abschn. 3.7) der Follower implementiert werden.
- Statt einer Zerlegung der Aufgabe in Teilschritte können Sie auch eine Partitionierung der Daten vornehmen. In disjunkten Datenbereichen führen mehrere Threads parallel dieselbe Aufgabe aus (z. B. Bildverarbeitung, Suche). Vorhandene Hardware wird besser ausgelastet, was zu einer schnelleren Verarbeitung der Gesamtdatenmenge führt.
- Dieses Muster eignet sich für die Implementierung eines Mehrheitsentscheids (*Voting*). Dabei berechnet man die Lösung eines Problems mit unterschiedlichen Verfahren simultan. Ein Ergebnis gilt als verlässlich, wenn mindestens n von m Ergebnissen übereinstimmen (Motivation: Fehlertoleranz bei mehreren Hardwareknoten oder auch Senkung der Fehlerwahrscheinlichkeit beim Einsatz probabilistischer Algorithmen).
- Sie können ein deterministisches Verfahren mit einem Las-Vegas-Algorithmus kombinieren, der gegebenenfalls erfolglos aufgibt. Findet er (schnell) ein Ergebnis, wird es zurück-

gegeben; andernfalls wird auf die deterministische (aber in der Regel langsamere) Berechnung gewartet.

• Verschiedene Näherungsverfahren können parallel ausgeführt werden, um durch die Kombination der Einzelergebnisse eine höhere Genauigkeit zu erzielen.

Verweise

Auf der Webseite zum Buch (siehe [PK]) finden Sie einen *Leader-Follower*-Palindromtest zum Experimentieren.

[POSA-4].

→ Combined Method (Abschn. 5.1): Die Performance einer solchen Methode kann evtl. durch *Leader-Follower* verbessert werden.

Wir empfehlen, den lange gebräuchlichen Namen „Master-Slave" für obiges Pattern zu vermeiden, um einer Banalisierung des traurigen Themas der Sklaverei vorzubeugen.

Integration

6

6.1 Wrapper

Zweck

Ein Wrapper kapselt Funktionalität und Daten bestehender (nicht objektorientierter) Systeme in portablen und wartbaren Schnittstellen.

Problem/Kontext

Sie möchten Funktionen oder Daten eines bestehenden (und möglicherweise nicht objektorientierten) Anwendungssystems verwenden, ohne dieses System selbst zu ändern. Die Schnittstellen des bestehenden Systems eignen sich nicht unmittelbar zur Nutzung durch neue oder andere Systeme. Der Zugriff auf das bestehende System erfordert detaillierte Kenntnisse seiner Implementierung.

Lösung

„Verpacken" Sie das bestehende System in einen Wrapper (siehe Abb. 6.1). Stellen Sie nach außen eine objektorientierte Schnittstelle bereit. Sämtliche internen Details des bestehenden

© Springer-Verlag GmbH Deutschland, ein Teil von Springer Nature 2024
K. Eilebrecht, G. Starke, *Patterns kompakt*, IT kompakt, https://doi.org/10.1007/978-3-658-43234-8_6

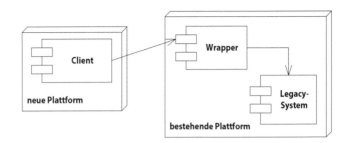

Abb. 6.1   Wrapper: Mögliche Verteilung

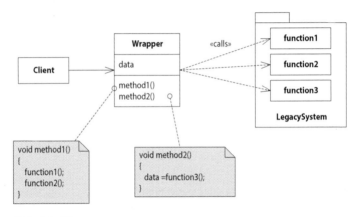

Abb. 6.2   Wrapper

Systems verbergen Sie innerhalb des Wrappers. Sie können den Wrapper grundsätzlich in jeder beliebigen Programmiersprache entwickeln. Manche bestehenden Systeme schränken Sie in dieser Wahl ein – prüfen Sie im Vorfeld die Verfügbarkeit entsprechender Programmierschnittstellen.

Die Struktur dieses Musters erinnert zwar sehr an die → Fassade (Abschn. 4.4), aber ein Wrapper muss aufgrund der unterschiedlichen Plattformen häufig mehr leisten als eine Fassade (siehe Abb. 6.2).

Vorteile

Wenn auf der bestehenden Plattform, etwa einem Mainframe,
auch weiterhin Anwendungen erstellt werden (und damit entsprechendes technisches Knowhow vorliegt), so ist die Entwicklung eines Wrappers meist einfach.

Nachteile

Gibt es wenig oder keine technische Expertise zur bestehenden
Plattform, ist die Entwicklung eines Wrappers in der Regel aufwendig und riskant (belastet durch Annahmen).

Verwendung

Wie ein → Adapter (Abschn. 4.1) verkapselt ein Wrapper manchmal „schmutzige" Programmteile. Wenn Sie beispielsweise zur
Einbindung des bestehenden Systems Konstrukte oder Bibliotheken benutzen müssen, die Ihrem üblichen Stil zuwiderlaufen,
so ist ein Wrapper ein guter Platz dafür. Beispiel: Aus Java-
Anwendungen heraus können Sie über das Java Native Interface
(JNI) auf Programme in anderen Sprachen zugreifen. JNI wird
gelegentlich verwendet, um nativen Legacy-Code zu integrieren,
der später ersetzt werden soll – ein guter Grund, alle JNI-Aufrufe
innerhalb eines Wrappers zu verbergen.

Verweise

[GoF].
   [POSA-2] erklärt den Wrapper unter der Bezeichnung *Wrapper Facade*, was die enge Verwandtschaft zur → Fassade
(Abschn. 4.4) schon im Namen verdeutlicht. Eine Fassade delegiert in der Regel lediglich Aufrufe; der Wrapper leistet meist
erheblich mehr.

Ein → Adapter (Abschn. 4.1) kapselt ebenfalls den Zugang zu einer bestehenden Komponente, besteht jedoch nur aus einer einzigen Klasse. Die Implementierung eines Wrappers hingegen kann deutlich umfangreicher ausfallen.

6.2   Gateway

Zweck

Ein Gateway gleicht Differenzen zwischen verschiedenen Repräsentationen von Objekten aus oder schafft einen Zugang zu einem anderen System.

Problem/Kontext

Sie möchten auf Daten fremder Systeme zugreifen, ohne interne Details der anderen Systeme zu kennen. Sie möchten ein bestehendes System benutzen, das

- in einer anderen Sprache oder einem anderen Programmiermodell geschrieben wurde und/oder
- auf einer anderen Betriebssystem- oder Hardwareplattform läuft, auf der Sie nicht entwickeln wollen.

Lösung

Konstruieren Sie einen dedizierten Zugang (*Gateway*) zu dem fremden System (siehe Abb. 6.3). Das Gateway kann in einer für Sie passenden Programmiersprache entwickelt werden und auf einem getrennten Rechnersystem laufen. Das Gateway übersetzt zwischen den unterschiedlichen Systemen.

Kapseln Sie die technischen Details der Kommunikation innerhalb einer Gateway-Komponente. Insbesondere können Sie mehrere unterschiedliche Zugriffsmöglichkeiten bereitstellen, um verschiedene Arten von Clients mit demselben Legacy-System zu verbinden.

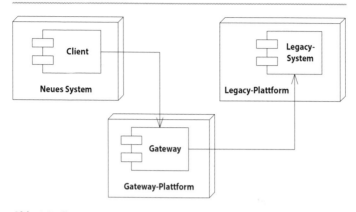

Abb. 6.3 Gateway

Vorteile

- Minimal invasiv auf der Legacy-Plattform: In der Regel erfordert ein Gateway keine Änderungen am anzubindenden bestehenden System.
- Keine neuen Komponenten auf der Legacy-Plattform. Insbesondere in hoch belasteten Systemen können Sie durch ein Gateway den Laufzeitaufwand der Konvertierung und Übersetzung von der Legacy-Plattform fernhalten.

Verweise

[Fowler].

→ Adapter (Abschn. 4.1) erfüllt die Aufgabe von Gateway innerhalb eines einzigen (meist objektorientierten) Systems.

→ Wrapper (Abschn. 6.1) ist funktional ähnlich zum Gateway, wird aber auf derselben Plattform wie das zu integrierende System entwickelt und betrieben.

Die → Fassade (Abschn. 4.4) besitzt eine ähnliche Funktion wie Gateway und Wrapper, besteht aber aus einer einzelnen Klasse.

Das Codebeispiel auf der Webseite zum Buch (siehe [PK]) zeigt, wie ein Gateway ein fiktives Legacy-System anbindet.

6.3   PlugIn

Zweck

Klassen werden erst durch die Konfiguration in ein System eingebunden und nicht bereits zum Übersetzungszeitpunkt, um Erweiterbarkeit und Anpassungsfähigkeit zu erhöhen (vgl. [Fowler]).

Szenario

Ihre Software enthält eine Report-Funktionalität. Sie möchten
einen HTML-Reportgenerator mit ausliefern, gleichzeitig aber
sicherstellen, dass Sie später weitere Reportmodule (z. B. MS
Word®) entwickeln und liefern können. Um die Software attrak-
tiver zu gestalten, streben Sie zudem an, dass via Customizing
oder durch andere Hersteller weitere Reportmodule implementiert und einfach eingebunden werden können.

Problem/Kontext

Sie möchten für eine bestimmte Funktionalität Ihrer Software den
Einsatz unterschiedlicher Implementierungen ermöglichen. Letztere sind aber zur Übersetzungszeit des Systems nicht verfügbar
bzw. nicht festgelegt. Die Ergänzung einer weiteren Implemen-
tierungsvariante soll ausschließlich durch Änderung der Konfiguration, also ohne Neuübersetzung des restlichen Systems, möglich sein.

Lösung

Realisieren Sie die Funktionalität als sogenanntes PlugIn, eine
Implementierungseinheit, die durch das System zur Laufzeit ent-
sprechend der Konfiguration eingebunden und über eine PlugIn
Factory benutzt wird (siehe Abb. 6.4 und 6.5).

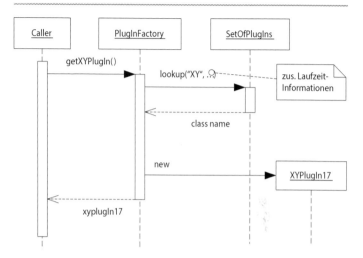

Abb. 6.4 PlugIn: Ablauf

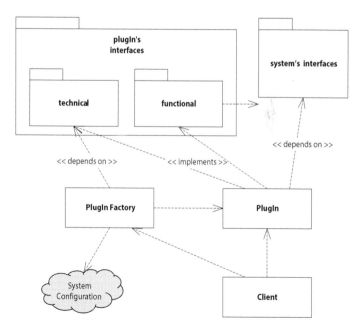

Abb. 6.5 PlugIn

Um das zu ermöglichen, müssen Sie innerhalb des Systems zunächst einige Kernfestlegungen treffen. Umreißen Sie klar die Funktionalität, die das PlugIn erfüllen soll. Legen Sie dann fest, wie das PlugIn das System sieht. Letzteres dient PlugIn-Entwicklerinnen und -Entwicklern. Schließlich müssen Sie definieren, wie das System das PlugIn findet und welche Sicht es auf das PlugIn hat (die PlugIn-Schnittstelle).

Die genannten Vorüberlegungen dienen der Bildung von Interfaces, um die Anzahl der Abhängigkeiten so gering wie möglich zu halten. Falls Sie verschiedene PlugIns für unterschiedliche Funktionalitäten über die gleiche PlugIn-Schnittstelle realisieren möchten, benötigen Sie zusätzlich einen Beschreibungsmechanismus (Manifest).

Vorteile

PlugIns können getrennt vom eigentlichen System entwickelt werden. Sie erfüllen eine definierte Schnittstelle und verlassen sich ihrerseits auf festgelegte Schnittstellen des Systems. Der Austausch oder die Ergänzung von PlugIns kann daher ohne Neuübersetzung (ggf. ohne Deployment bzw. Neustart) der Anwendung erfolgen.

Eine Teilfunktionalität kann einfach ausgetauscht werden oder in mehreren Varianten (Report-Beispiel) angeboten werden. Dies ermöglicht eine Entwicklung mit unabhängigen Teams.

Nachteile

Design- und Implementierungsaufwand der Software erhöhen sich. Eine schwierige Aufgabe besteht in der Festlegung der verschiedenen Interfaces. Werden bei der Definition der Schnittstellen für die durch das PlugIn abgedeckte Teilfunktionalität oder für die Systemsicht des PlugIns Fehler gemacht, wird der Nutzen der PlugIn-Schnittstelle stark eingeschränkt. Nachträgliche Änderungen der Interfaces sind problematisch, weil sie dann nicht mehr zu existierenden Implementierungen passen. Versionswechsel in der Software können PlugIns unbrauchbar machen, wenn Schnittstellen in der neuen Version geändert wurden bzw. unerwartet reagieren. Da die Überprüfung des Zusammenspiels von System und PlugIn zur Übersetzungszeit in der Regel entfällt, treten Inkompatibilitäten möglicherweise erst zur Laufzeit zu Tage.

Verwendung

Dieses Muster ist immer dann geeignet, wenn verschiedene Implementierungen einer bestimmten Funktionalität zur Laufzeit konfigurierbar sein sollen (vgl. [Fowler]). Programmiersprachen, die Reflection unterstützen (z. B. Java), sind für die Umsetzung besonders gut geeignet. Bekannte Beispiele für PlugIn-Schnittstellen sind die Bildbearbeitung Photoshop® oder die Entwicklungsumgebung Eclipse (www.eclipse.org/). Photoshop® nutzt das Pattern in konventioneller Form. Die Software bietet einen festen Kern zur Grafikbearbeitung und lässt sich durch PlugIns nahezu beliebig erweitern. Eclipse hingegen repräsentiert eine Extremform. Einen Kern gibt es nur im Sinne der Plattform selbst. Jegliche Funktionalität wird durch spezielle PlugIns realisiert, die aufeinander zugreifen bzw. aufbauen (via *Extension Points*).

Verweise

[Fowler].
→ Abstract Factory (Abschn. 2.1).
→ Factory Method (Abschn. 2.3).
→ Registry (Abschn. 9.3) für die Verwaltung der PlugIns zur Laufzeit sowie zur Bereitstellung von Systemdiensten für die PlugIns.
[MHHS] stellt das Konzept der Eclipse *Extension Points* vor, das PlugIns ermöglicht, andere PlugIns zu erweitern.
[Wiest] beschreibt im Detail den ausgereiften PlugIn-Mechanismus von Jenkins (https://jenkins-ci.org/).

Die festgelegte Schnittstelle, die jedes PlugIn implementieren muss, wird auch als *Service Provider Interface (SPI)* bezeichnet, in Abgrenzung zum *Application Programming Interface (API)* des Systems.

6.4   Mapper

Zweck

Ein Mapper bewegt bzw. konvertiert Daten zwischen zwei Komponenten und hält sie dabei sowohl unabhängig voneinander als auch von sich selbst.

Szenario

Sie haben die Fachlogik einer Adressanwendung als Objektmodell dargestellt. Die zentrale fachliche Komponente ist die Person. Sie möchten Personen speichern, diese Objekte aber frei von Datenbank- und Persistenzlogik halten. Die Datenbankkomponente soll keine Fachlogik der Person enthalten. Ziel ist der Datenaustausch zweier Komponenten, die voneinander unabhängig bleiben müssen (siehe Abb. 6.6).

Problem/Kontext

Im Zuge der klaren Trennung von Verantwortlichkeiten sollen Fachobjekte möglichst frei von technischen Details (wie Datenbankschemata) bleiben. Andererseits müssen Sie Fachobjekte abspeichern, meist in relationalen Datenbanken. Die üblichen CRUD-Operationen (*create, read, update, delete*) auf Daten-

Abb. 6.6 Objektpersistenz

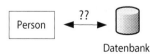

Abb. 6.7 Mapper

banken sollen in eigenen Komponenten, nicht in den Fachkomponenten abgebildet werden. Sie müssen zwischen der Fachlogik (eine Komponente) und der Datenbank (andere Komponente) Daten austauschen, ohne jedoch diese Bestandteile voneinander abhängig zu machen.

Lösung

Lassen Sie einen Mapper die Abbildung zwischen den Komponenten erledigen (siehe Abb. 6.7). Der Mapper kennt beide Komponenten, d. h., er ist von beiden abhängig. Es ist Aufgabe des Mappers, Daten zwischen beiden Komponenten zu transportieren und beide voneinander unabhängig zu halten.

Vorteile

Entkoppelt zwei Komponenten voneinander; beachten Sie die Richtung der Abhängigkeiten in Abb. 6.7: Beide Pfeile führen vom Mapper weg, d. h., weder die eine noch die andere Komponente ist vom Mapper abhängig.

Varianten

Data Mapper (vgl. [Fowler]): Transportiert Daten zwischen Fachobjekten und einer Datenbank. Hält Fachobjekte von der Datenbank und dem Mapper selbst unabhängig. Clients benutzen zur Speicherung von Objekten den Mapper und bleiben somit ebenfalls von der Datenbank unabhängig (siehe Abb. 6.8).

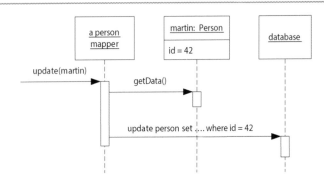

Abb. 6.8 Data Mapper

Verweise

[Fowler] trennt *Mapper* und *Data Mapper*. Beachten Sie bei der Implementierung von Mapper auch → Identity Map (Abschn. 7.2) und → Registry (Abschn. 9.3).

6.5   Dependency Injection

Zweck

Es soll eine Entkopplung von nutzenden Komponenten und konfigurierten Diensten erreicht werden, bei der die Komponenten weder wissen müssen, wie die Dienste heißen, noch wie sie zu beschaffen sind.

Szenario

Sie erweitern gerade Ihre Software um eine PlugIn-Schnittstelle. Um Funktionen des Systems für die PlugIns bereitzustellen, haben Sie einige Schnittstellen definiert. Sie möchten diese Funktionen später als Dienste über einen *Service Locator* in Form einer → Registry (Abschn. 9.3) allen PlugIns zur Verfügung stellen. Leider gibt es noch Unklarheiten über die Schneidung und Namensgebung der Dienste und des *Service Locators*. Da die Zeit drängt, sollen zudem parallel zwei weitere Teams mit der Entwicklung von PlugIns beginnen. Sie befürchten, dass es zu großen Änderungsaufwänden kommen wird, wenn sich die Entwicklerinnen und Entwickler der PlugIns jetzt auf vorläufige Dienstnamen und die Schnittstelle des *Service Locators* verlassen. Sie suchen nach einer Lösung, bei der die PlugIn-Implementierungen sich nicht um die Beschaffung der benötigten Referenzen kümmern müssen, sondern nur von den Interfaces mit den vereinbarten Funktionen abhängen.

Problem/Kontext

Sie möchten Komponenten eines Systems von konfigurierten Diensten bzw. deren Implementierungen entkoppeln. Eine Komponente soll einen Dienst nutzen können, ohne vorher aktiv eine Referenz auf diesen ermitteln zu müssen.

Lösung

Versorgen Sie die Komponenten vor deren Nutzung mit den benötigten Dienstreferenzen (*Dependency Injection*, siehe Abb. 6.9). Im vorliegenden Beispiel kann die jeweilige PlugIn-Schnittstelle so erweitert werden, dass das System beim Laden und Initialisieren des PlugIns die Möglichkeit hat, alle benötigten Referenzen zu „injizieren".

Das PlugIn verlässt sich später darauf, dass die Initialisierung durchlaufen wurde und nutzt die Funktionen der Schnittstelle. Falls Sie sich zwischenzeitlich für eine andere Schneidung der Dienste entscheiden, können Sie mit geringem Aufwand die alten Schnittstellen vorerst weiterversorgen, als *deprecated* markieren und sanft (in einem späteren Release) entfernen.

Vorteile

- Bei der Implementierung der nutzenden Komponente werden nun neben den vereinbarten Schnittstellen keine weiteren Informationen benötigt.

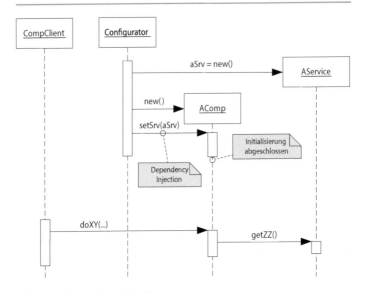

Abb. 6.9 Dependency Injection

- Es bestehen keine Abhängigkeiten der nutzenden Komponenten zu zentralen Framework-Klassen. Damit wird der Einsatz in unterschiedlichen Frameworks möglich.
- In einem Szenario, das dieses Pattern implementiert, lassen sich die Komponenten, welche die Dienste nutzen, recht gut testen. Die zu injizierenden Dienstreferenzen können gegebenenfalls durch Mock Objects (→ Service Stub (Abschn. 9.4)) ersetzt werden.

Nachteile

- Dependency Injection ist schwerer zu verstehen als ein simpler Registry-Zugriff (*Service Locator*).
- Bei diesem Muster wird implizit davon ausgegangen, dass die injizierte Referenz wirklich benötigt wird. Ist das nicht der Fall, hat die (mitunter aufwendige) Initialisierung umsonst stattgefunden. Im Gegensatz dazu kann ein Service Locator den angeforderten Dienst erst bei Bedarf initialisieren.

- Da Abhängigkeiten zwischen Komponenten erst zur Laufzeit durch den Configurator ermittelt werden, kann das Debugging solcher Systeme schwierig werden, weil die Beziehungen zwischen Ihren Komponenten ja nicht 1 : 1 im Quellcode vorliegen, sondern deklarativ beschrieben sind (z. B. Annotation, nur Vorgabe eines Interfaces).

Verwendung

Dieses Pattern kommt unter dem Oberbegriff *Inversion of Control* oder *Hollywood Prinzip (Don't call us, we call you!)* in vielen Frameworks zum Einsatz, um die Abhängigkeiten von Komponenten und genutzten Dienstimplementierungen auf ein Minimum zu reduzieren.

Die Frage, ob Sie dieses Pattern oder alternativ eine Registry (*Service Locator*) einsetzen sollten, kann nicht pauschal beantwortet werden. Betrachten Sie als Analogie ein Hotelzimmer: Jeden Wunsch aller Übernachtenden vorauszusehen und entsprechende Extras „vorzukonfigurieren" ist unmöglich. Andererseits ist die Bereitstellung eines leeren Zimmers mit einem Telefon und der Nummer der Rezeption auch keine gute Idee. Eine Kombination aus vorhandenen und mittelbaren Diensten ist die weltweit praktizierte Alternative. Analog ist zur Bereitstellung konfigurierter Dienste für Ihre PlugIns auch eine Kombination aus *Dependency Injection* und *Service Locator* vorstellbar.

Varianten/Strategien

[Fowler-2] unterscheidet drei Typen von Dependency Injection:

- *Interface Injection:* Es wird ein Interface mit inject-Methoden bereitgestellt, mit denen die Dienste injiziert werden können. Das Interface wird von Komponenten implementiert, die bestimmte Services benötigen. Zur Laufzeit werden die Dienste dann über die Interface-Methode(n) übergeben.

- *Setter Injection:* Für die benötigten Dienstreferenzen stellt die nutzende Komponente Setter-Methoden bereit, über welche die Versorgung zur Laufzeit geschieht.

- *Constructor Injection:* Die benötigten Dienstreferenzen werden der Komponente im Konstruktor übergeben und sind daher während und direkt nach der Konstruktion verfügbar. Dieses Vorgehen erzeugt immer korrekte Instanzen zur Konstruktionszeit. Andererseits können derart parametrisierte Konstruktoren schnell unübersichtlich werden, insbesondere bei Vererbung. Generell berauben Sie sich der Möglichkeit, einmal injizierte Referenzen auszutauschen, da keine Setter-Methoden bereitstehen ([Fowler] sieht diesen Immutable-Aspekt übrigens als Vorteil).

In einigen Frameworks gibt es *post-construction*-Anweisungen (z. B. JEE @PostConstruct-Annotation). Spezielle Methoden werden bei der Erzeugung des Objekts durch den Container aufgerufen, *nachdem* die Dependency Injection abgeschlossen ist, aber *bevor* irgendeine Geschäftsmethode ausgeführt wird. Auf diese Weise können ohne *Constructor Injection* Initialisierungsschritte durchgeführt werden, die auf zuvor injizierte Referenzen angewiesen sind.

Verweise

→ Registry (Abschn. 9.3) in Form eines Service Locators.
   → PlugIn (Abschn. 6.3).
   → Proxy (Abschn. 4.5): Sie können statt direkter Objektreferenzen kontextsensitive Proxies injizieren, die das tatsächliche Ziel eines späteren Methodenaufrufs dynamisch bestimmen oder sogar erst bei Bedarf erzeugen.
   [Fowler-2]: Lesenswerter Artikel, der Dependency Injection als konkrete Form von *Inversion Of Control* einführt und dem Service Locator gegenüberstellt. Er verweist zudem auf einige Frameworks, welche Dependency Injection unterschiedlich umsetzen.

[POSA-4] beschreibt mit dem *Context Object* eine Objekt-instanz, die bei einem Methodenaufruf mitgegeben oder in eine Komponente zu Beginn injeziert wird. Das *Context Object* stellt Referenzen auf benötigte Informationen und Dienste zur Verfügung.

Das Spring-Framework (https://www.spring.io/) macht starken Gebrauch von Dependency Injection.

Weld (https://weld.cdi-spec.org/) ist die Referenzimplementierung der CDI (Contexts and Dependency Injection, https://jcp.org/en/jsr/detail?id=299) für die JEE-Welt.

Persistenz

7.1   O/R-Mapping

Obwohl es schon seit Mitte der 80er-Jahre (vgl. [KemEi]) kommerzielle Objektdatenbanken gibt, werden heute überwiegend *Relationale Datenbanken* eingesetzt, wenn es darum geht, auch mit Datenbankmitteln (Query/Update) flexibel auf die *Attribute* der Objektinstanzen zuzugreifen. Die Objektwelt unterscheidet sich in einigen Punkten von der Welt relationaler Datenbanken. Während bei der objektorientierten Programmierung der Umgang mit Objektbäumen selbstverständlich ist, arbeitet die Abfragesprache SQL mengenorientiert auf Tabellen. Implizite Objektidentität, Beziehungen zwischen Objekten, Vererbung und Polymorphie müssen daher zunächst sinnvoll und performant auf eine Tabellenlandschaft abgebildet werden (*objekt-relationales Mapping*). Hinzu kommt, dass Denkweise, Sprachgebrauch und Optimierungsansätze in beiden Welten verschieden sind, was die Zusammenarbeit zwischen der Anwendungsentwicklung und einem Datenbank-Team erschweren kann. Das Problemfeld zwischen Objektorientierung und relationalen Datenbanken bezeichnet man als *impedance mismatch* (Fehlanpassung). Der Begriff entstammt der Elektrotechnik, wo er vereinfacht gesagt eine unzulässige Differenz zwischen Ausgangs- und Eingangswiderstand beschreibt. Wer wie ich (K. E.) schon einmal 8-Ohm-Verstärkerausgänge mit 4-Ohm-Lautsprechern ruiniert hat, weiß, was gemeint ist … ☺.

© Springer-Verlag GmbH Deutschland, ein Teil von Springer Nature 2024
K. Eilebrecht, G. Starke, *Patterns kompakt*, IT kompakt,
https://doi.org/10.1007/978-3-658-43234-8_7

Zur Überwindung des *impedance mismatch* beim O/R-Mapping gibt es eine Reihe unterschiedlicher Ansätze, zu denen wir Ihnen im Folgenden einen kurzen Überblick geben möchten. Alle nachfolgend vorgestellten Ansätze berücksichtigen das Thema Vererbung als wesentliches Merkmal der Objektorientierung. Wenn Sie bei den zu speichernden Objekten darauf verzichten können, vereinfacht sich das Vorgehen. Mit der Thematik der Schlüsselerzeugung befassen wir uns in einem eigenen Kapitel (→ Datenbankschlüssel (Kap. 8)).

Mapping-Strategien

- **Concrete-Class-Table Mapping/Horizontales Mapping:** Jede konkrete Klasse wird auf eine eigene Datenbanktabelle abgebildet (siehe Abb. 7.1). Das gilt auch für konkrete Subklassen. Eine Tabelle enthält dabei alle Attribute der Klasse sowie alle geerbten. Während dieses Mapping performant zu lesen und zu schreiben ist, weil alle Felder und Fremdschlüssel (Relationen) ohne Umwege (*Joins*) zur Verfügung stehen, ist das Modell aus Datenbankdesign-Sicht weniger schön, weil es gegen elementare Prinzipien der Normalisierung verstößt und eine große Anzahl Tabellen mit vielen redundanten Spalten hervorbringt. Falls sich die Attributmenge einer Klasse ändert, müssen zudem meist mehrere Tabellen angepasst werden. Ein anderes Problem ist die Polymorphie. Wenn Sie beispielsweise Lieferantenadressen, Kundendressen, Mitarbeiteradressen sowie Kontaktadressen haben und diese gemeinsam als Adressen

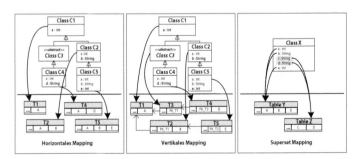

Abb. 7.1 O/R-Mapping-Varianten I

(gemeinsamer Supertyp) für Auswertungen laden möchten, müssen Sie die unterschiedlichen Tabellen aufwendig bzgl. der gemeinsamen Spalten vereinigen (`union`).

- **Class-Table Mapping/Vertikales Mapping:** Bei dieser Strategie werden Vererbungslinien abgebildet (siehe Abb. 7.1). Alle Klassen des Baums, also auch die abstrakten, werden auf eigene Tabellen abgebildet. Die Felder und Fremdschlüssel (Relationen) bleiben also auch in der Datenbank auf derselben Ebene wie in der Objektwelt. Die Abbildung ist sehr objektnah und unterstützt die Polymorphie sehr gut. Nachteilig ist, dass mitunter viele Tabellen einbezogen werden müssen, um eine Objektinstanz mit ihren Beziehungen zu speichern, zu laden bzw. zu suchen.

- **View-Class Mapping/Superset Mapping:** Um einen höheren Grad der Normalisierung zu erreichen, kann eine Klasse auch auf mehrere Tabellen gemappt werden (siehe Abb. 7.1). Eine Objektinstanz entspricht dann einem Set von Entitäten in der Datenbank. Nachteilig sind die notwendigen Joins und die Komplexität eines Inserts bzw. Updates. Auch die Suche verkompliziert sich etwas. Diese Art der Abbildung lässt sich jedoch geschickt mit → Lazy Load (Abschn. 7.3) kombinieren.

- **Filtered Mapping/SubsetMapping:** Eine Tabelle bildet alle konkreten Klassen einer Vererbungshierarchie oder Teile davon ab (siehe Abb. 7.2). Eine Indikatorspalte zeigt an, um welchen konkreten Typ es sich bei einem Datensatz handelt. Danach wird dann beim Zugriff „gefiltert". Vorteilhaft ist der schnelle Datenzugriff und die gute Eignung für das Reporting. Die ausgeflachte Mappingvariante hat allerdings den Nachteil, dass die Anzahl der Tabellenspalten groß ist und zudem potenziell mit der Lebensdauer des Systems stark anwächst. Je nach Datensatztyp bleiben zudem immer Spalten leer. All dies verstößt gegen Normalisierungsprinzipien. Auf NOT-NULL-Constraints müssen Sie verzichten. Problematisch und in der Regel teuer ist zudem der Wegfall eines Attributs oder die Typänderung, weil eine größere Datenmenge betroffen ist. Einige Datenbanksysteme verwenden *table-locking* statt *row-locking* oder sperren mehr als eine Zeile. In diesem Fall kann es zu spürbaren Performance-Einbußen durch die versteckte Serialisierung der Zugriffe kommen. Auch die Anfälligkeit für Datenbank-Deadlocks steigt.

- **Hierarchy Mapping:** Die komplette Hierarchie wird als *Filtered Mapping* in einer einzigen Tabelle abgebildet (siehe Abb. 7.2). Meist wird der Name der Basisklasse für den Tabellennamen verwendet. In diesem Zusammenhang wird auch von *Root Class Mapping* gesprochen.
- **Hybrides Mapping:** Dieser Begriff wird gelegentlich für eine Kombination von Mappingstrategien verwendet. Dies geschieht beispielsweise, um den Grad der Normalisierung zu erhöhen oder um durch gezieltes Einfügen von Redundanz bestimmte Zugriffe zu beschleunigen.
- **Generisches Mapping/Flexibles Mapping:** Bei diesem Ansatz wird ein Datenbankschema bereitgestellt, in das sich alle potenziellen Klassen abbilden lassen (siehe Abb. 7.2). Im einfachsten Fall gibt es eine Tabelle, welche neben dem Schlüssel und einem Typindikator (Klassenname) nur noch eine Feldnamen- und eine Feldtypspalte besitzt. Dies entspricht einer Objektserialisierung. Komplexere Varianten arbeiten mit mehreren Tabellen zur Verwaltung der Vererbungshierarchie, der Attribute, evtl. der Beziehungen und möglicher Lookups. Vorteilhaft ist die extreme Flexibilität. Ein wesentlicher Nachteil besteht darin, dass sehr viele Zeilen (*Entities*) in der Datenbank für eine einzige Objektinstanz herangezogen werden müssen. Auch ist diese Art der Abbildung nicht sehr intuitiv. Die Formulierung von Suchabfragen oder der performante Datentransfer von und zu anderen Systemen sowie das Reporting mit SQL-Mitteln wird erschwert. Wie beim horizontalen Mapping kann es zu Problemen mit Datenbanken kommen, die kein oder nur ein eingeschränktes *row-locking* unterstützen.

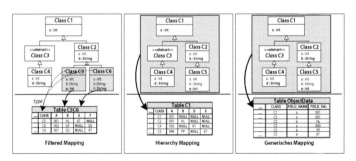

Abb. 7.2 O/R-Mapping-Varianten II

Beziehungen

Objekte haben in der Regel Beziehungen zu anderen Objekten. Diese Beziehungen müssen in der Datenbank abgelegt werden, um sie später wieder rekonstruieren zu können.

- **Attribut (one-to-one):** Eine Klasse A hat ein Attribut, dessen Inhalt eine Instanz der (anderen) Klasse B ist. Hierbei kommt datenbankseitig eine Fremdschlüsselbeziehung zum Einsatz. Eine Spalte der Tabelle A referenziert den Primary Key der Tabelle B, wobei B identisch mit A sein kann. Falls B nicht identisch mit A ist und maximal eine B-Instanz pro A-Instanz existiert, kann ein gemeinsamer Primary-Key für A und B infrage kommen. Für B ist dieser dann gleichzeitig Fremd- und Primärschlüssel.
- **Liste/Set (one-to-many):** Klasse A referenziert eine Menge mit B-Instanzen. Hier gibt es zwei Möglichkeiten. Falls B ausschließlich von A referenziert wird, kann man die B-Tabelle mit einem Fremdschlüssel auf die A-Tabelle versehen. Allgemeiner und auch für many-to-many-Beziehungen geeignet ist eine *Relationstabelle*. Im einfachsten Fall enthält sie nur zwei Spalten, eine für den Primary Key von A und einen für den aus der B-Tabelle. Die beiden Fremdschlüssel bilden gemeinsam den Primärschlüssel der Relationstabelle. Mehrere verschiedene solcher Relationen zwischen A und B können durch ein Typattribut an der Relationstabelle realisiert werden, das in deren Primary Key aufgenommen wird. Durch die zusätzliche Tabelle sind Schreib- und Leseoperationen gegenüber einer einfachen Fremdschlüsselbeziehung etwas langsamer.

Constraints (Zusicherungen)

Immer wieder kommt die Diskussion auf, ob die Konsistenz der Daten durch die Datenbank (Constraints) sichergestellt werden muss, oder ob die Prüfung durch die Anwendung ausreicht. Immerhin erzeugen die Constraint-Prüfungen einen gewissen Overhead. Wenn das Datenbankschema exklusiv durch die An-

wendung verwendet wird, könnte man darauf verzichten. Wir
meinen, dass das Schema selten über lange Zeit ausschließlich
durch den Anwendungscode genutzt wird. Constraints helfen
auch allen, die Änderungen via SQL vornehmen müssen. Früher
oder später möchten Sie Daten anderer Systeme importieren.
Ohne Constraints kommt es dann schnell zu Inkonsistenzen.
Daher raten wir dazu, Constraints zu verwenden. Ein Sonderfall
ist die Eins-zu-Eins-Beziehung zwischen zwei Objektinstanzen
bzw. zwei Datenbankentities. Obwohl man sie durch Fremd-
schlüssel-Felder an beiden Tabellen und `not-null`-Constraints
durchsetzen kann, wird meist zugunsten einer geringeren
Komplexität darauf verzichtet. Ebenfalls durch die Datenbank un-
geprüft bleiben Kardinalitäten wie 1 : 2 oder 1 : 5. Dies bleibt in
der Verantwortung der Anwendung. Ein interessanter Aspekt ist
der Zeitpunkt der Prüfung von Constraints. Die Datenbank ver-
schiebt bestimmte Prüfungen auf das Ende der Transaktion. In
einem mehrschichtigen System kann es vorkommen, dass eine
der höherliegenden Schichten eine Transaktion startet. Tritt nun in
einer tieferliegenden Schicht ein Problem auf, führt dies unter
Umständen nicht sofort zu einem Abbruch und einer Exception.
Wird später in der höher liegenden Schicht ein commit der Transaktion versucht, kommt es zu einem Fehler, auf den in dieser
Schicht nicht adäquat reagiert werden kann. Das wiederum hat
zur Folge, dass die fachliche Meldung, die Anwenderinnen und
Anwender zu sehen bekommen, sehr allgemein gehalten werden
muss (z. B. „Datenbankfehler aufgetreten"). Eine solche Situation
lässt sich nur durch zusätzliche Prüfungen innerhalb der Anwendung vermeiden.

Universelles Datenmodell

Bereits seit den 70er-Jahren (s. [Silverston]) gibt es Überlegungen,
ob es überhaupt notwendig ist, für jedes Unternehmen oder jedes
Projekt ein eigenes Datenmodell zu entwickeln. Stattdessen
könnte für bestimmte Einsatzzwecke auf generalisierte, durch-
normalisierte und optimierte Modelle zurückgegriffen werden.
Beispielsweise werden immer wieder Adresse, Person oder Arti-

kel modelliert. [Silverston] und das darauf basierende Projekt OFbiz versuchen, ein Modell bereitzustellen, in dem alle vorstellbaren Geschäftsobjekte untergebracht werden können. Um diesen Ansatz zu nutzen, müssen Sie sich allerdings sehr früh im Projektplan entscheiden. Der Einsatz eines Universellen Datenmodells bedeutet im Extremfall den Verzicht auf eigene Tabellen und auf die Nutzung bestehender Tabellenlandschaften. Vielmehr bilden Sie Ihre Objekte in das fertige Universelle Datenmodell ab. Artikel sind *Products*, Adressen werden als *Contact* bzw. *ContactMechanism* zu einer *Party* abgebildet usw. Relationen manifestieren sich in Relationstabellen zwischen den Tabellen. Zusätzlich für Ihr Szenario notwendige Attribute (z. B. am Artikel) legen Sie als *ProductAttributes* oder (mit Lookup) als *ProductFeatures* ab. Ziel ist es, die universelle Tabellenlandschaft unangetastet zu lassen.

Falls ein solches Modell sehr gut auf Ihr Projektszenario passt und Sie keine größeren Änderungen oder Erweiterungen erwarten, können Sie mit diesem Ansatz viel Zeit für die Datenmodellierung einsparen. Das OFbiz-Framework beispielsweise liefert eine komplette Infrastruktur mit, sodass Sie auch viele Standarddienste, die auf dem Universellen Datenmodell basieren, direkt nutzen können.

Leider hat das Universelle Datenmodell einige gravierende Nachteile:

- **Lernaufwand/Kommunikation:** Das Modell ist nicht intuitiv und bisweilen verwirrend, weil viele strukturell ähnliche, aber fachlich völlig verschiedene Dinge in derselben Tabelle landen können. Aus diesem Grund kommt es auch zu Problemen, wenn an der fachlich-technischen Schnittstelle diskutiert werden soll.
- **Performance:** Durch viele beteiligte Tabellen oder den mehrfachen Zugriff auf dieselbe Tabelle kann sich der Datenzugriff verlangsamen.
- **SQL:** Falls Sie zur Anbindung anderer Systeme oder für das Performance-Tuning gezwungen sind, SQLs zu schreiben, gestaltet sich dies sehr aufwendig. Meist müssen mehrere Tabellen mit einbezogen werden, häufig dieselbe Tabelle mehrfach. Derartige Statements sind sehr schwer zu pflegen.

- **Erweiterung:** Um die Anpassung zu erleichtern, wird das
  Konzept der Sub-Entities vorgeschlagen. Dabei handelt es sich
  um Tabellen, die ergänzend zu den Tabellen des Universellen
  Datenmodells eingeführt werden (gemeinsamer Primary Key),
  um Felder hinzuzufügen. Das funktioniert allerdings nur so
  lange, wie eine Standard-Tabelle gefunden werden kann, die
  wenigstens prinzipiell passt. Schnell wird „mit Gewalt" eine
  der Standard-Tabellen verwendet. Wenn es nur um ein einziges
  zusätzliches Feld geht, führt die Angst vor den Konsequenzen
  einer Erweiterung der Tabellenlandschaft auch schon mal zum
  Missbrauch von Standardfeldern.

Wir raten daher vom Einsatz des Universellen Datenmodells ab.

Persistenz-Frameworks

In der Regel ist es sinnvoll, die objekt-relationale Abbildung (also
den Datenbankzugriff selbst) nicht manuell im Applikationscode
umzusetzen. Das Schreiben der SQL-Befehle ist stark redundant
und zudem fehleranfällig. Der Einsatz von Frameworks hat
sich daher mittlerweile etabliert. Unabhängig davon, welches
Persistenz-Framework Sie einsetzen, gibt es allerdings ein paar
Dinge zu beachten:

- Es ist ein Irrglaube, dass es gut sei, die objektorientiert denken-
  den Entwicklerinnen und Entwickler vom Datenmodell „abzuschirmen". Vielmehr sollte darauf geachtet werden, dass jeder
  versteht, welche Auswirkungen Änderungen im Klassenmodell auf das Datenmodell haben.
- Ein gutes Framework sollte alle drei Vorgehensmodelle unterstützen: Erzeugung eines Klassenmodells aus einer Tabellenlandschaft, Generierung der Tabellenlandschaft aus einem
  Klassenmodell sowie die manuelle Abbildung zwischen existierenden Klassen und Tabellen.
- Ein Framework muss durchgesetzt werden. Es sollte vermieden
  werden, in verschiedenen Teilen der Anwendung mit ver-

schiedenen Mitteln auf die Datenbank zuzugreifen. Natürlich gibt es Ausnahmen. Mit den Mitteln des Frameworks erreichen Sie normalerweise durchschnittliche bis sehr gute Performance – ohne manuelle Eingriffe. Für bestimmte Zwecke (z. B. komplexe Suche, Batchverarbeitung, Reports) ist der Aufwand, eine performante Lösung mit Framework-eigenen Mitteln zu erreichen, manchmal aber einfach zu hoch. Es sollte daher möglich sein, in Sonderfällen auf SQL zurückzugreifen. Wenn Sie einen VW-Golf besitzen und einmal Tempo 300 fahren möchten, können Sie an dem Wagen so lange herumschrauben, bis er Tempo 300 fährt. Sie können sich stattdessen aber auch für ein Wochenende einen Porsche leihen; mit dem Effekt, dass Sie weniger Arbeit haben, Ihr Golf auch langfristig intakt bleibt und Sie insgesamt erheblich weniger Risiken eingehen.

LINQ

Mit der *Language Integrated Query* (LINQ), genauer gesagt *LINQ-to-SQL* leistet Microsoft einen bemerkenswerten Beitrag zum Thema O/R-Mapping. Während Objektdatenbanken Konzepte aus der Objektorientierung in die Datenbankwelt tragen, bettet umgekehrt LINQ einen Teil einer Relationenalgebra (angelehnt an SQL) in eine .NET-Programmiersprache ein. LINQ ist eine Abfragesprache, die es erlaubt, Elemente aus einer iterierbaren Menge (→ Iterator (Abschn. 3.3)) zu selektieren und als Instanzen anonymer oder vorgegebener Objekttypen zurückzuliefern (Projektion konkreter Typen, s. a. [JABA]). Microsoft hat sich dabei um größtmögliche Durchgängigkeit bemüht. Die Quelle *kann* eine relationale Datenbank sein. Sie können mit LINQ aber genauso Abfragen auf lokalen Collections oder beliebigen eigenen Strukturen formulieren, sofern letztere `IEnumerable<T>` implementieren. Die LINQ-API stellt den Versuch dar, ganz allgemein den Umgang mit „Daten" zu vereinheitlichen (vgl. [Troelson]), um so den *impedance mismatch* zu überwinden. Es stehen noch weitere APIs zur Verfügung. *LINQ-to-XML* ermöglicht es beispielsweise, Elemente direkt in eine XML-Datei zu projizieren.

Die große Stärke, denselben LINQ-Ausdruck prinzipiell auf eine beliebige iterierbare Menge anwenden zu können, stellt gleichzeitig eine Gefahr dar. Man würde vielleicht erwarten, dass Abfragen überschaubarer lokaler Collections stets schneller als Datenbankabfragen via *LINQ-to-SQL* ausgeführt werden. Dem muss aber nicht so sein, denn eine Datenbank verfügt mit ihrem Optimizer über einen mächtigen Verbündeten. [JABA] zeigen, was bei der Formulierung komplexer LINQ-Ausdrücke je nach Einsatzziel zu beachten ist.

Verweise

Ein sehr schöner Artikel ist unter https://www.agiledata.org/essays/mappingObjects.html zu finden.

[HoJa] beschreiben verschiedene Persistenzstrategien für Java.

https://www.hibernate.org/ O/R-Mapping für Java und.NET.

https://www.eclipse.org/eclipselink/ Open-Source-Persistenz- und ORM-Framework.

https://ofbiz.apache.org/ Das Projekt Apache OFBiz stellt ein komplexes Framework zur Entwicklung von Web-Anwendungen auf Basis eines Universellen Datenmodells zur Verfügung.

SQL Antipatterns [Karwin] ist ein wundervolles Buch über die typischen Fehler im Umgang mit SQL und vielen hilfreichen Tipps zu deren Vermeidung.

→ Datenbankschlüssel (Kap. 8).

Falls Sie aufwendiges Mapping von Objekten und Tabellen vermeiden möchten, könnten objektorientierte Datenbanken eine mögliche Lösung darstellen.

Dokumentdatenbanken haben enorme Fortschritte gemacht, um (durch Content-Indizierung) zumindest das Problem der Abfrage basierend auf Objekteigenschaften zu überwinden (z. B. Couchbase mit N1QL). Updates bleiben jedoch objektzentrisch (Dokumenttausch).

7.2 Identity Map

Zweck

Eine Identity Map verwaltet Objekte, die aus einer Datenbank gelesen und möglicherweise verändert werden und stellt sicher, dass Objekte nie mehr als einmal aus der Datenbank gelesen werden.

Problem/Kontext

Sie möchten vermeiden, dass ein persistiertes (d. h. in einer Datenbank gespeichertes) Objekt in mehr als ein einziges Laufzeitobjekt geladen wird. Dies würde zu Problemen bei update-Operationen führen.

Lösung

Verwalten Sie sämtliche aus der Datenbank geladenen Objekte in einer Map, einer Datenstruktur für Schlüssel-Wert-Paare (siehe Abb. 7.3). Bevor Sie irgendein Objekt laden, fragen Sie erst in der Identity Map nach, ob es bereits im Speicher vorhanden ist (siehe

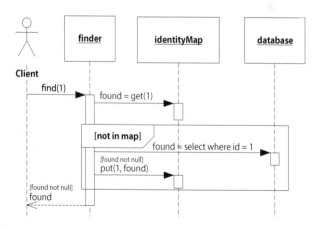

Abb. 7.3 Identity Map

Abbildung). Falls ja, dann haben Sie sich einen DB-Zugriff gespart. Falls nein, dann laden Sie das Objekt jetzt und speichern es sofort in der Identity Map.

Wir empfehlen Ihnen, für jede betroffene Klasse eine eigene Identity Map anzulegen, genauer: für jede betroffene Vererbungshierarchie. In typisierten Sprachen gewinnen Sie dadurch zusätzlich Typsicherheit gegenüber der generischen Alternative, sämtliche persistenten Objekte in einer einzigen Identity Map zu verwalten.

Verwenden Sie als Schlüssel (*key*) der Identity Map den Primärschlüssel der betreffenden Datenbanktabelle. Stellen Sie sicher, dass dieser sich während der Lebensdauer der Objekte nicht ändert.

Sie können Ihre Identity Maps in einer → Registry (Abschn. 9.3) unterbringen, zumindest solange Registry und Identity Map für einzelne Sessions Gültigkeit besitzen. Vorsicht, falls Sie Identity Maps Session-übergreifend einsetzen möchten: Es erwartet Sie erheblicher Implementierungsaufwand. Für diesen Fall schlägt [Fowler] vor, über den Einsatz einer objektorientierten Datenbank als *transactional cache* nachzudenken.

Vorteile

Falls gleiche Datensätze mehrfach von Clients angefragt werden, spart die Identity Map Ihnen teure Datenbankzugriffe, weil jedes Objekt nur genau einmal von der Datenbank gelesen wird. Im Falle schreibender Zugriffe verhindert die Identity Map Konflikte bei Updates innerhalb einer Session.

Nachteile

Für die sessionübergreifende Konfliktlösung ist dieses Pattern nicht geeignet. Siehe dazu → Pessimistic Offline Lock (Abschn. 7.6) und → Optimistic Offline Lock (Abschn. 7.5).

Verwendung

Setzen Sie immer dann eine Identity Map ein, wenn Ihre Anwendung Objekte aus einer Datenbank liest und eventuell wieder hineinschreibt. Falls Sie ausschließlich lesen, so kann die Identity Map Ihnen bessere Performance bringen, weil sie die Anzahl der DB-Zugriffe verringert (Einsparung teurer Remote-Calls und Entlastung der Datenbank).

Verweise

Das vorgestellte Muster ist in vielen Applikationsservern bzw. den darunterliegenden Persistenzframeworks zu finden (z. B. JEE Entity Bean bzw. .NET DataContext).

[Fowler] setzt das Pattern häufig im Zusammenspiel mit der → Registry (Abschn. 7.3) ein.

Bei parallelen Zugriffen durch mehrere Personen kann Ihnen → Optimistic Offline Lock (Abschn. 7.5) nützen.

7.3 Lazy Load (Verzögertes Laden)

Zweck

Es wird ein Objekt geliefert, das noch nicht alle benötigten Daten enthält, aber weiß, wie diese zu beschaffen sind [Fowler].

Problem/Kontext

Innerhalb Ihrer Anwendung müssen umfangreiche Objekte bereitgestellt werden. Dieser Vorgang stellt sich als relativ teuer heraus, weil die Objekte sehr groß sind, oder weil Teilinformationen (Daten oder weitere Objektreferenzen) nur zeitaufwendig zu beschaffen sind. In der Regel sind mehrere Zugriffe auf eine Datenquelle erforderlich. Andererseits ist bekannt, dass der Client in vielen Fällen nur einen Teil der mit dem Objekt gelieferten Inhalte tatsächlich nutzt.

Lösung

Stellen Sie fest, welche Teile des Objekts bzw. der Objektstruktur
in jedem Fall benötigt werden. Diese Daten (u. U. gar keine) werden sofort geladen und bereitgestellt (siehe Abb. 7.4).

Sorgen Sie dafür, dass das Objekt in der Lage ist, diejenigen
Teilinformationen, die nicht geladen wurden, zu einem späteren
Zeitpunkt (implizite Anforderung) zu beschaffen. Dies muss für
einen Client transparent geschehen.

Vorteile

Die Bereitstellung des Objekts kann früher geschehen. Solange
der Client nicht tatsächlich alle Informationen benötigt, wird
Ladezeit eingespart. Da die Bereitstellung des angeforderten Objekts früher erfolgt, gewinnen Sie an dieser Stelle Performance.
Informationen, die nicht angefordert werden, müssen zudem nicht
geladen werden. Die Gesamtwartezeit für das Laden von Informationen ist zwar bei Anforderung aller Informationen (*worst*

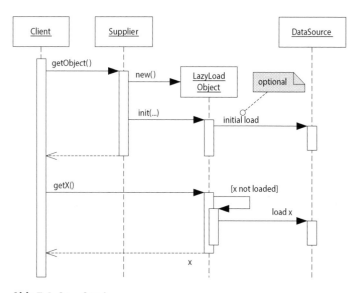

Abb. 7.4 Lazy Load

case) tendenziell größer (Overhead für Nachladevorgang), tritt jedoch verteilt auf mehrere kurze Latenzzeiten auf. Letzteres ist für Benutzerinnen und Benutzer eines Systems in der Regel angenehmer als eine einzige lange Warteperiode.

Nachteile

Die Komplexität des Objekts steigt durch die implementierte Nachladestrategie. Zudem verursacht das Nachladen selbst eine gewisse Verzögerung. Prinzipiell kann es beim Lazy Load auch zu Konsistenzproblemen kommen, wenn der Zustand der Datenquelle zum Zeitpunkt des Nachladens nicht mehr dem Ursprungszustand entspricht. Ein anderes Problem kann aus dem Umgang mit Lazy-Load-Objekten resultieren. Falls ein Client Collections mit Lazy-Load-Objekten befüllt, kommt es bei der sequenziellen Verarbeitung dieser Collections zum sogenannten *ripple load* [Fowler], also einem „welligen" Ladeverhalten. Dabei werden wesentlich mehr Zugriffe auf die unterliegende Datenquelle generiert, als für den Vorgang erforderlich wären. Die Performance der Anwendung bricht ein.

Varianten/Strategien

[Fowler] beschreibt eine ganze Reihe von Möglichkeiten, Lazy Load zu realisieren. Einige davon sind im Folgenden aufgeführt. Die Wahl der richtigen Strategie ist entscheidend für den Erfolg des Patterns.

- *Lazy Initialization*: Die einzelnen Felder des Objekts werden als nicht initialisiert gekennzeichnet und deren Inhalte beim Zugriff auf die zugehörige get()-Methode einzeln nachgeladen.
- *Ghost*: Das Objekt ist bis auf seine ID anfangs leer. Beim Zugriff auf eine get()-Methode wird das gesamte Objekt oder ein festgelegter Teil (Gruppierung) nachgeladen.
- *Virtual Proxy*: Ein Stellvertreterobjekt sieht für den Client aus wie das tatsächliche Objekt, delegiert Zugriffe jedoch an Letzteres.

[Siedersleben] bezeichnet das unvollständige Lesen von Objekten (evtl. kombiniert mit einer Nachladestrategie) als *horizontal lazyness*. Demgegenüber nennt er das Nachladen von Elementen einer Ergebnismenge *vertical lazyness*.

Verweise

→ Proxy (Abschn. 4.5).
   [Fowler].
   [Siedersleben].

7.4   Coarse-Grained Lock (Grobkörnige Sperre)

Zweck

Es wird eine einzige Sperre für eine Menge von Objekten gesetzt, um diese gemeinsam zu sperren.

Szenario

Ein Kaufhaus für Elektrogeräte wirbt damit, dass grundsätzlich keine Lieferkosten in Rechnung gestellt werden. Um intern die Kosten zu minimieren, wird aus einer Reihe von Lieferfirmen die günstigste ermittelt. In der Datenbank gibt es eine Tabelle CUS-TOMER (Kundinnen und Kunden), eine Tabelle ADDRESS und eine Tabelle ORDER (Aufträge). Ein Auftrag enthält zunächst nur einen Verweis auf den Schlüssel der CUSTOMER-Tabelle. Bei der Auftragskalkulation werden die Stammdaten und die Adresse in den Auftragsdatensatz übernommen. Zu diesem Zweck werden die verknüpften Datensätze (CUSTOMER, ADDRESS) gesperrt, bis die Daten in den Auftragsdatensatz übernommen wurden und die Kalkulation beendet wurde. Andernfalls könnte durch eine parallele oder nachträgliche Änderung der Lieferadresse die Kalkulation der Lieferkosten verfälscht werden.

Problem/Kontext

Zur Durchführung einer Operation müssen mehrere Objekte eines Sets gesperrt werden. Sie möchten die Sperrung aus Sicht des ausführenden Clients vereinfachen.

Lösung

Sperren Sie die Objekte einer Gruppe gemeinsam durch eine einzige Sperre. Definieren Sie eine Stelle, an der die Sperre (*shared lock*) für das Set gesetzt werden kann (siehe Abb. 7.5).

Wird die gemeinsame Sperre für eines der beteiligten Objekte gesetzt, sind automatisch auch die anderen Objekte der Gruppe gesperrt.

Varianten/Strategien

Möchten Sie optimistisch sperren (*optimistic offline lock*), so können Sie ein gemeinsames Versionsobjekt definieren. Wird ein Gruppenmitglied geändert, ändert sich das Versionsobjekt. Eine Transaktion, die ein Update auf ein Gruppenmitglied absetzt, dabei jedoch ein nicht mehr aktuelles Versionsobjekt angibt, wird

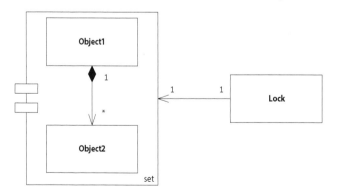

Abb. 7.5   Coarse-Grained Lock

abgewiesen. Bei pessimistischem Sperren (*pessimistic offline lock*) bietet es sich an, zunächst ein gemeinsames Versionsobjekt zu definieren und dann dieses zu sperren. Etwas einfacher wird es, wenn Sie es mit einer aggregierten Struktur mit definiertem Einstiegspunkt (*root*) zu tun haben. Sie können dann das root-Objekt sperren (*root lock*, vgl. [Fowler]).

Vorteile

Das Sperren/Entsperren wird beschleunigt. Der Client-Zugriff vereinfacht sich, Fehler durch inkonsistentes Setzen und Entfernen von Sperren sind weniger wahrscheinlich.

Nachteile

Das grobkörnige Sperren bedeutet eine Einschränkung der Zugriffsmöglichkeiten. Außerdem muss ein erhöhter Aufwand betrieben werden, um die Pfade von jedem betroffenen Objekt zum sperrbaren Objekt zu realisieren. Dies darf nicht in unnatürliche Objektbeziehungen ausarten [Fowler]. Im Hinblick auf mögliche Systemerweiterungen ist die Wahl des Ortes für die Sperre nicht trivial.

Verwendung

Setzen Sie dieses Pattern dann ein, wenn Sie eine Gruppe von Objekten (z. B. Aggregation) sperren müssen.

Verweise

→ Optimistic Offline Lock (Abschn. 7.5).
→ Pessimistic Offline Lock (Abschn. 7.6).
[Fowler].

7.5   Optimistic Offline Lock (Optimistisches Sperren)

Zweck

Konflikte zwischen konkurrierenden Business-Transaktionen beim Zugriff auf eine Datenquelle werden behandelt, indem die drohende Inkonsistenz zum Zeitpunkt des Updates entdeckt und die ausführende Transaktion abgebrochen wird (*rollback*).

Problem/Kontext

Ihre Aufgabe ist die Sicherstellung des Datenzugriffs in einem System, auf das durch mehrere Personen gleichzeitig zugegriffen wird. Für die Datenquelle wird angenommen, dass konkurrierende Updates vorkommen können, die inkonsistente Daten zur Folge hätten. Auch in diesen Fällen muss die Konsistenz der Datenbank sichergestellt sein. Die Häufigkeit einer solchen Situation wird als selten eingestuft.

Lösung

Lassen Sie Lesezugriffe grundsätzlich zu und kümmern Sie sich nur um die Schreibzugriffe (siehe Abb. 7.6). Beim Schreibzugriff (*Update*) ist zu prüfen, ob der Stand in der Datenbank noch mit dem übereinstimmt, der zuvor gelesen wurde.

Falls dies nicht der Fall ist, wird der Update-Versuch zurückgewiesen. Führen Sie ein Versionsfeld ein, das beim Schreiben des Datensatzes Teil der *where*-Klausel ist und bei Erfolg erhöht wird.

Ein Client, der ein Update ausführt, kann an der Anzahl aktualisierter Datensätze erkennen, ob er Erfolg hatte oder nicht. Wird 0 zurückgegeben, existiert offenbar kein Datensatz mit der angegebenen Versionsnummer, was wiederum bedeutet, dass inzwischen ein Update auf diesen Satz erfolgt sein muss. Es wird sichergestellt, dass kein Schreibzugriff erfolgt ist, seit der Client, der ein Update ausführt, die Daten gelesen hat.

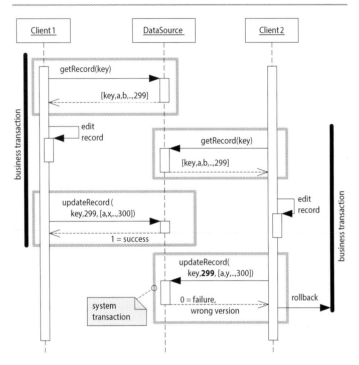

Abb. 7.6 Optimistic Offline Lock

```
select nachname, vorname, recordversion
from kunde
where pk = 17;
(Keller, Hannes, 299)

update kunde
set vorname = 'Hanna', recordversion = 300
where pk = 17 and recordversion = 299;
(1 row updated)
```

Anders ausgedrückt: findet der Client die Datenquelle beim Update entweder genauso vor wie zum Zeitpunkt des Lesens, oder das Update wird zurückgewiesen.

Vorteile

Da die Datenquelle Lesezugriffe zu jedem Zeitpunkt gestattet und dafür auch keine Sperren verwaltet, bleiben lesende Clients praktisch unbeeinträchtigt. Insbesondere muss keine künstliche Freigabe eines gelesenen Satzes erfolgen, wenn dieser nicht verändert wird.

Nachteile

Wenn ein Update fehlschlägt, weil zwischen Lesezugriff und Schreibversuch ein anderes Update erfolgt ist, muss der ausführende Client seine Aktionen basierend auf dem neuen Datenstand wiederholen oder die Daten zusammenführen. Normalerweise wird das eine Person treffen, die gerade mühsam ein Formular ausgefüllt hat und nun die Eingabe wiederholen muss – mit dem Risiko, erneut abgewiesen zu werden. [Fowler] erwähnt zudem ein nicht unerhebliches Risiko durch die Verwendung der gelesenen Daten. Diese sind potenziell veraltet gegenüber dem Stand in der Datenbank.

Varianten/Strategien

- Im Konfliktfall können Sie den aktuellen Datensatz lesen und einen programmatischen Merge versuchen.
- Wenn Sie die Userkennung in der Tabelle mitführen, können Sie melden, wer den Datensatz zwischenzeitlich geändert hat. Ein kurzer Chat der beteiligten Personen kann dann weiteren Ärger vermeiden.
- Alternativ zur Mitführung eines Versionsfeldes können Sie bei jedem *update*-Statement in der *where*-Klausel alle Felder mit ihren Originalwerten aufführen. Das ist jedoch aufwendig und kann zu Performance-Problemen führen [Fowler]. Sie müssten zudem einen Index über alle Tabellen-Spalten legen.

- Gelegentlich sieht man eine Variante, die man als „select before update" bezeichnen könnte. Dabei wird vor dem Update der Datensatz nochmals selektiert und mit einer Kopie im Speicher verglichen, um zwischenzeitliche Änderungen zu erkennen. Letzteres geschieht üblicherweise anhand eines Zeitstempels oder einer Prüfsumme. Meist steckt hinter diesem Vorgehen der Versuch, nachträglich ein Locking in eine bestehende Infrastruktur einzubauen. Nicht nur aufgrund des offensichtlichen Performance-Nachteils durch das zusätzliche *select*-Statement möchten wir Ihnen von dieser Form der Implementierung dringend abraten. Im Zusammenspiel mit Transaktionen stehen Sie nämlich vor einem größeren Problem: Üblicherweise werden Transaktionen im Isolationslevel READ COMMITTED abgewickelt, der einen guten Kompromiss zwischen Leistung und Isolation darstellt. Dabei kann eine Transaktion nur Werte lesen, die bereits COMMITTED sind.

Betrachten wir dazu zwei nebenläufige Transaktionen, die denselben Datensatz ändern möchten, wobei die zweite vor dem COMMIT der ersten startet. Führt nun die zweite Transaktion das oben beschriebene Kontroll-Select aus, bevor die erste Transaktion abgeschlossen ist, liest sie denselben (eigentlich veralteten) Wert, den die erste Transaktion in ihrem Kontroll-Select gelesen hat. In der Folge geht auch die zweite Transaktion davon aus, dass sie das Update durchführen darf! Anschließend werden beide Transaktionen erfolgreich abgeschlossen; die zweite hat „zu Unrecht gewonnen". Sie könnten nun (unter Inkaufnahme erheblicher Performance-Einbußen) den Isolationslevel auf REPEATABLE READ setzen, um die Datenbank zu zwingen, gelesene Elemente gegen zwischenzeitliche Updates durch nebenläufige Transaktionen zu sperren. Die Konflikterkennung via Kontroll-Select würde dann zwar im beschriebenen Fall immer noch versagen, aber wenigstens käme es zum Abbruch einer der Transaktionen. In der Folge müssten Sie sich um die korrekte Behandlung von Transaktionsabbrüchen aufgrund konkurrierender Updates kümmern.

Verwendung

Setzen Sie dieses Pattern nur dann ein, wenn Konfliktsituationen eher selten auftreten [Fowler]. Andernfalls werden Anwenderinnen und Anwender Ihre Software nach kurzer Zeit hassen. Sind konkurrierende Updates häufig zu erwarten, ist → Pessimistic Offline Lock (Abschn. 7.6) das Mittel der Wahl.

Verweise

→ Pessimistic Offline Lock (Abschn. 7.6).
→ Coarse-Grained Lock (Abschn. 7.4).
[Fowler].
Hibernate (https://www.hibernate.org/) unterstützt Optimistic Locking.

7.6   Pessimistic Offline Lock (Pessimistisches Sperren)

Zweck

Konflikte zwischen konkurrierenden Geschäftstransaktionen beim Zugriff auf eine Datenquelle werden behandelt, indem immer nur genau eine Business-Transaktion zur gleichen Zeit auf einen Datensatz zugreifen darf.

Szenario

In einer Klinik wird ein Patient einer Reihe von Untersuchungen auf verschiedenen Stationen unterzogen. Das dortige Personal macht Eintragungen in der elektronischen Krankenakte, sobald ein Ergebnis oder Teilergebnis vorliegt. Es können dabei zeitversetzt noch Daten hinzukommen, wenn zu Untersuchende bereits in eine andere Station gebracht wurden. Daher möchten recht oft zwei Angehörige des Klinikpersonals zur gleichen Zeit auf eine Krankenakte zugreifen.

Problem/Kontext

In Ihrer Software kommt es häufig zum gleichzeitigen Zugriff auf dieselben Datensätze. Eine optimistische Sperrstrategie (*Optimistic Offline Lock*) kommt daher nicht infrage. Zu oft müssten Daten verworfen werden, die zwischen Lese- und Update-Zeitpunkt erstellt wurden, weil in diesem Zeitraum ein Update von jemand anderem vorgenommen wurde.

Lösung

Sperren Sie einen Datensatz bereits zu dem Zeitpunkt, wenn er mit dem Ziel der Bearbeitung gelesen wird. Geben Sie ihn erst wieder frei, wenn die Business-Transaktion abgeschlossen ist (siehe Abb. 7.7).

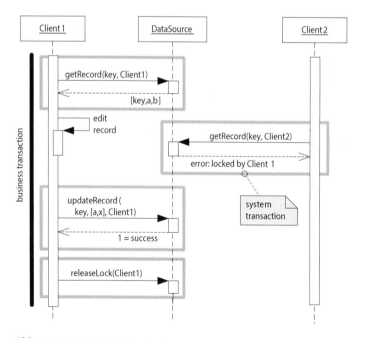

Abb. 7.7 Pessimistic Offline Lock

Unabhängig von der verwendeten Strategie (s. u.) wird auf diese Weise sichergestellt, dass keine Business-Transaktion einen Datensatz mit dem Ziel der Bearbeitung öffnen kann, falls dies schon für eine andere geschehen ist.

Vorteile

Eine Person, die einen Datensatz zur Bearbeitung öffnet, kann sicher sein, dass sie später auch das Update ausführen kann und nicht durch jemand anderen „gestört wird".

Bei Strategien mit (exklusiver) Lesesperre können Sie zudem garantieren, dass Anwenderinnen und Anwender immer die *aktuelle* Version eines Datensatzes sehen.

Nachteile

Beeinträchtigungen ergeben sich abhängig von der verwendeten Strategie (s. u.). Exklusive Schreibsperren ziehen das Risiko nicht aktueller Daten für folgende lesende Zugriffe nach sich. Exklusive Lesesperren verhindern dagegen jeglichen gleichzeitigen Zugriff auf denselben Datensatz. Die Strategie der Lese-/Schreibsperren bietet zwar viele Vorteile, ist jedoch komplex zu implementieren. Zudem entsteht bei der Implementierung jeder Strategie mit Lesesperren zusätzlicher Aufwand für deren Freigabe.

Verwendung

Setzen Sie dieses Pattern dann ein, wenn Konfliktsituationen häufig zu erwarten sind [Fowler]. Bevor Sie das Muster explizit implementieren, sollten Sie prüfen, ob die Systeme, auf denen Ihre Implementierung aufsetzt (z. B. DBMS, Application Server), nicht bereits geeignete Mittel bieten (ggf. via Konfiguration oder Annotation).

Varianten/Strategien

Es können drei Strategien unterschieden werden [Fowler].

* Die exklusive Schreibsperre (*exclusive write lock*) sperrt den
  Satz mit dem Ziel der Bearbeitung, erlaubt aber allen anderen
  Business-Transaktionen, den (potenziell veralteten) Datensatz
  zu lesen.
* Eine exklusive Lesesperre (*exclusive read lock*) sperrt den
  Datensatz beim Lesevorgang für jedes weitere Lesen oder
  Schreiben.
* Die Lese-/Schreibsperre (*read/write lock*) kombiniert die ers-
  ten beiden Strategien. Dabei geht man davon aus, dass ein zum
  Lesen (*read lock*) geöffneter Datensatz durchaus von anderen
  zum Lesen geöffnet werden kann, nur eben nicht zum Schreiben. Es können also mehrere Lesesperren auf dem gleichen
  Datensatz gesetzt sein. Eine Business-Transaktion kann genau
  dann eine Schreibsperre (*write lock*) setzen, wenn keine Sperre
  (*read lock* oder *write lock*) existiert oder die einzige Lesesperre
  ihr selbst gehört. Hingegen kann sie eine Lesesperre genau
  dann setzen, wenn keine Schreibsperre existiert oder die einzige Schreibsperre eben dieser Transaktion gehört.

Die verwendete Strategie wirkt sich einzig auf die Aktualität der
gelesenen Daten aus. Im obigen Beispiel könnte eine exklusive
Schreibsperre ausreichend sein. Die Implementierung der Sperren-
verwaltung hängt stark von der Systemumgebung ab. Erstellen Sie
in jedem Fall einen zentralen Lockmanager, der exklusive Zugriff
auf die Sperren hat. Lassen Sie die Sperren keinesfalls durch die
Business-Transaktionen selbst manipulieren [Fowler].

Das Muster kann um Zeitstempel erweitert werden. Eine
Sperre läuft nach einer vorgegebenen Zeitspanne ab. Stellt ein Ge-
schäftsprozess fest, dass die von ihm vormals angeforderte Sperre
abgelaufen ist, bricht er mit einer Fehlermeldung ab. Alternativ
könnten Sie die Sperre erneut anfordern, wobei allerdings
zwischenzeitliche konkurrierende Änderungen erkannt und behandelt werden müssen. Für ein solches Szenario ist es unbedingt

erforderlich, dass jede schreibende Transaktion das durch die Sperre geschützte Objekt (eine Entität oder mehrere zusammenhängende) fachlich konsistent hinterlässt.

Verweise

→ Optimistic Offline Lock (Abschn. 7.5).

→ Coarse-Grained Lock (Abschn. 7.4).

→ Singleton (Abschn. 2.4): Erfolgen die Datenzugriffe an zentraler Stelle, bietet es sich an, den Lockmanager als Singleton mit einer HashMap zu realisieren, die im Speicher gehalten wird. Das ist sehr einfach, performant, und Sie sparen sich damit das „Aufräumen" der Sperren beim Herunterfahren des Systems.

[Fowler].

Datenbankschlüssel 8

Die nachfolgenden Muster unterstützen Sie bei Entwurf und Implementierung von Datenbankschlüsseln. Probleme und Kontext dieser Muster sind recht ähnlich, daher haben wir einige gemeinsame Bemerkungen zu diesen Patterns „herausfaktorisiert".

Relationale Datenbanken unterscheiden Datensätze (Zeilen von Tabellen) anhand ihrer Schlüsselfelder voneinander. Objektorientierte Systeme benötigen ein solches künstliches Konstrukt eigentlich nicht, weil jedes Objekt zur Laufzeit eine Identität erhält (vgl. [Fowler], S. 216). Wenn Sie Ihre Objekte jedoch in einer relationalen Datenbank speichern, müssen Sie sich zwangsläufig mit dem Konzept der Datenbankschlüssel anfreunden.

Anforderungen an Datenbankschlüssel
Gute Datenbankschlüssel haben folgende Eigenschaften:

- Eindeutigkeit: O. K., das wussten Sie bereits, denn sonst wären es keine Schlüssel ☺.
- Unveränderlichkeit (*immutability*): Schlüssel sollten sich auf keinen Fall zur Laufzeit Ihrer Programme ändern. Falls Sie das zulassen, handeln Sie sich erheblichen Verwaltungsaufwand ein: Sie müssen bei einer Schlüsseländerung sicherstellen, dass keinerlei Verweise auf den betreffenden Datensatz existieren, weder bei Laufzeitobjekten noch bei anderen Datensätzen.

© Springer-Verlag GmbH Deutschland, ein Teil von Springer Nature 2024
K. Eilebrecht, G. Starke, *Patterns kompakt*, IT kompakt,
https://doi.org/10.1007/978-3-658-43234-8_8

Falls ein solcher Schlüssel als Bestandteil eines anderen zusammengesetzten Schlüssels auftaucht, drohen Ihnen aufwendige Änderungskaskaden – ein Albtraum.

Sie werden mit Schlüsseln in der Regel nur zwei Arten von Operationen ausführen: Vergleiche und Erzeugen neuer Schlüssel. Beide Operationen sollten daher möglichst performant und einfach zu implementieren sein. Eine ausführliche Diskussion von Strategien und Mustern zur Erzeugung von Schlüsseln finden Sie in [Marinescu].

Entscheidungen bei der Auswahl von Schlüsseln
Grundsätzlich müssen Sie sich beim Entwurf von Datenbankschlüsseln in mehrerlei Hinsicht entscheiden:

- „Sprechende" (*natürliche*) oder „technische" Schlüssel (*Surrogatschlüssel*), also mit oder ohne konkrete fachliche Bedeutung: Wir raten Ihnen, möglichst immer technische Schlüssel zu verwenden. Halten Sie die echten Datenbankschlüssel möglichst von den Benutzern Ihrer Systeme fern, sonst können simple Tippfehler bereits die Unveränderlichkeit der Schlüssel verletzen. Auch die pure Anzeige generierter Schlüssel kann problematisch sein: Menschen tendieren dazu, Bedeutungen hineinzuinterpretieren oder verlassen sich auf Eigenschaften, die gar nicht garantiert sind („Du kannst einfach nach ID sortieren!"). [Karwin] beschreibt dieses Phänomen anschaulich als „Pseudokey Neat-Freak".
- Einzelne oder zusammengesetzte Schlüssel (*compound key* oder auch *composite key*). Falls Ihre Tabellen logisch zusammenhängen, drücken Sie die Relationen typischerweise durch Fremdschlüsselbeziehungen aus. Für eine Tabelle, die von mehreren anderen abhängt, besteht die Wahl, den Primary Key dieser Tabelle aus den jeweiligen Fremdschlüsseln zu bilden (*composite key*) oder einen künstlichen Primärschlüssel hinzuzufügen. Beide Vorgehensweisen haben ihre Vor- und Nachteile. Zusammengesetzte Schlüssel können das Schema intuitiver machen und es gelegentlich erleichtern, beim Datenzugriff Joins zu vermeiden, weil Sie den betreffenden Schlüssel als Bestandteil des Composite Keys bereits kennen. Nicht zusammengesetzte Schlüssel sind häufig performanter. Spätestens, wenn der Primary Key aus vier oder

mehr Fremdschlüsseln zusammengesetzt ist und selbst wieder als Fremdschlüssel in einer weiteren Tabelle dienen soll, sollten Sie über die Einführung von Surrogatschlüsseln nachdenken. Der Umgang mit zusammengesetzten Schlüsseln gestaltet sich ab einer gewissen Länge recht umständlich und wird durch Persistenzframeworks eher schlecht als recht unterstützt. Ein weiteres Problem ist die Belastung der Indizierung innerhalb der Datenbank durch zu lange Schlüssel. Einige Datenbanken haben zudem Schwierigkeiten, den Index zu nutzen, wenn die Reihenfolge der Felder eines Composite Primary Keys bei einer Abfrage nicht der in der Definition des Primärschlüssels entspricht. Falls es aus fachlichen Gründen gelegentlich vorkommt, dass Entitäten mit abhängigen Entitäten „umgehängt" werden (also der Fremdschlüssel wechselt), sind zusammengesetzte Primärschlüssel problematisch, weil die beteiligten Entitäten „kaskadierend" aktualisiert werden müssen. Besitzt die „umzuhängende" Entity hingegen einen Surrogatschlüssel, ist der Vorgang ein simples Update. [Karwin] weist allerdings zu Recht darauf hin, dass Sie durch die Einführung eines künstlichen Primärschlüssels in eine Tabelle mit einem fachlichen (mehrspaltigen) Schlüssel die logische Konsistenz gefährden. Hier empfiehlt sich ein zusätzlicher UNIQUE-Constraint über die betreffenden Spalten.

- Eindeutigkeitsbereich der Schlüssel: Soll die Eindeutigkeit für eine Tabelle (*table-unique*), die gesamte Datenbank (*database-unique*) oder sogar global (*globally unique*) gelten? Falls Sie Vererbungshierarchien auf Tabellen abbilden, sollten Sie zumindest datenbankeindeutige Schlüssel verwenden.

- [Fowler] erwähnt, dass beim Import von Daten aus anderen Datenbanken das Risiko von Schlüsselkollisionen droht. Falls solche Kollisionen auftreten, können Sie entweder Ihre vorhandenen Schlüssel erweitern oder die Schlüssel einer der beiden Datenbanken migrieren.

Insbesondere in größeren Organisationen werden jene, die sich um den Betrieb und damit einhergehend um Einheitlichkeit und Wartbarkeit der Datenbanken bemühen, bei der Definition der Schlüssel (wie auch beim Entwurf der Schemata und Tabellen) mitreden wollen – Grund genug, diese Personengruppe frühzeitig in den Entwurf Ihrer Systeme einzubinden.

8.1   Sequenzblock

Zweck

Das Muster erzeugt auf performante und portable Weise Primärschlüssel für persistente Objekte.

Problem/Kontext

Sie benötigen ein schnelles Verfahren zur Erzeugung von Primärschlüsseln. Diese Schlüssel sollen aufsteigend sortiert werden.

Lösung

Erzeugen Sie Primärschlüssel blockweise, d. h. mehrere auf einmal. Lagern Sie diese Sequenzblöcke im Hauptspeicher. Den zuletzt erzeugten Schlüssel jeder Sequenz speichern Sie ab, sodass
Sie bei der Erzeugung des nächsten Schlüsselblocks dort wieder
aufsetzen können (siehe Abb. 8.1).
   Sie müssen bei der Implementierung auf Transaktionssicherheit
achten, also die Schreiboperation des Schlüsselgenerators atomar
halten. Wenn Sie mehrere Sequenzblöcke durch eindeutige Namen
auseinanderhalten (z. B. „person", „konto"), können Sie den
Sequenzblock als systemweiten Primärschlüssel-Dienst nutzen.
   In der Abbildung zeigen wir Ihnen den Vorschlag aus [Mari-
nescu], der eine Implementierung in Java (EJB) beschreibt.
Dabei fungiert eine Session-Bean als Fassade für eine (persistente) Entity Bean. Clients fordern vom SequenzblockCache
jeweils einen einzelnen Schlüssel aus einem Block an. Wenn ein
Block aufgebraucht ist, holt die SessionBean vom SequenzblockEntity einen neuen Block. Die Transaktionssicherheit
erhalten Sie in dieser Variante durch die Kennzeichnung der
Methode `getNextKey()` der Entity Bean im Deployment-
Deskriptor mit dem Attribut `TRANSACTION_REQUIRES_NEW`.

Abb. 8.1 Sequenzblock

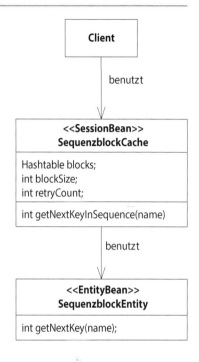

Mit EJB 3.1 kann man auf eine Singleton Session Bean in Verbindung mit der SequenzBlockEntity zurückgreifen, um serverweit IDs zu erzeugen. Das Update der Entität muss dann mit `@TransactionAttribute(REQUIRES_NEW)` annotiert werden.

Vorteile

- Das Verfahren garantiert gute Performance durch eine minimierte Anzahl von Datenbankzugriffen bei der Schlüsselgenerierung.
- Die Persistenzschicht (Datenbank, Cache etc.) kann mit einfachen Schlüssel (ganze Zahlen) gut umgehen.
- Das Muster ist portabel.
- Das Muster ist für verteilte Umgebungen geeignet, weil die Vergabe der Schlüssel über die Datenbank synchronisiert wird, ohne einen Flaschenhals zu erzeugen.

Nachteile

Das Muster kann weder eine bestimmte Ordnung (numerische Reihenfolge) noch eine lückenlose Vergabe von Schlüsseln garantieren, weil Sie keine Kontrolle darüber haben, was mit einem Sequenzblock zur Laufzeit geschieht. Eventuell wird er entsorgt, bevor sämtliche Schlüssel darin aufgebraucht wurden.

Verwendung

Sie können Sequenzblöcke in vielen technischen Welten einsetzen – sie sind gut verträglich mit allen Hochsprachen. Seit EJB 3 ist die Erzeugung von Primärschlüsseln für Entitäten Bestandteil der Spezifikation, sodass man das Muster dort nicht mehr so häufig benötigt. Für Aufgaben, die nicht direkt mit der Persistenz zu tun haben, die aber IDs erforderlich machen (z. B. Exportschnittstellen) bleibt das Pattern aber auch in der JEE aktuell.

Varianten/Strategien

• Je nach Einsatzgebiet und Performance-Anforderungen können Sie einen globalen Sequenzblock (Applikationsserver, JVM) verwalten oder mehrere (z. B. pro Session) zulassen.
• Der Cache kann um eine Methode erweitert werden, die es einem Client erlaubt, statt einem einzelnen Schlüssel gleich eine ganze Folge fortlaufender IDs anzufordern.
• Sie können auch nichtnumerische Schlüssel mit Sequenzblöcken erzeugen, wenn sie ein geeignetes Konzept für Blockgrenzen definieren.

Verweise

[Marinescu] beschreibt das Muster mit JEE-Mitteln, jedoch beschränkt auf rein numerische Schlüssel. Seine Beispielimplementierung stammt von Jonathan Weedon (Borland).

8.2   UUID (Universally Unique IDentifier, Global eindeutiger Schlüssel)

Zweck

Das Muster erzeugt einen (nahezu garantiert) universell eindeutigen Schlüssel (UUID).

Problem/Kontext

Sie benötigen globale Primärschlüssel, die über System- und Rechnergrenzen hinweg eindeutig sind.

Lösung

Erzeugen Sie eindeutige Schlüssel aus vier Teilen von jeweils acht (hexadezimalen) Zeichen, die jeweils das Folgende leisten (siehe Abb. 8.2):

- Teil 1 (Zeichen 1–8): Eindeutigkeit bis zur Millisekunde: Fragen Sie dafür die Systemzeit ab – in Java liefert (`int`) (`System.currentTimeMillis() & 0xFFFFFFFF`); eine gute Vorlage.
- Teil 2 (Zeichen 9–16): Eindeutigkeit innerhalb eines Clusters: Fragen Sie hierfür die IP-Adresse ab, beispielsweise (in Java) mit `InetAddress.getLocalHost()`.
- Teil 3 (Zeichen 17–24): Eindeutigkeit der Objekte innerhalb eines Prozesses. Die Laufzeitsysteme vieler Sprachen ermitteln eine Objekt-ID, die sich dafür gut eignet, beispielsweise (in Java) `System.identityHashCode(this)`.
- Teil 4 (Zeichen 25–32): Eindeutigkeit innerhalb eines Objekts: Dafür können Sie einen Zufallsgenerator verwenden, der innerhalb eines Objekts eindeutige Schlüssel erzeugt. Java bietet beispielsweise mit SecureRandom eine geeignete Klasse an.

Anschließend stellen Sie die Folge hexadezimal dar, wobei die 4 Teile durch Bindestriche getrennt werden.

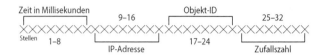

Abb. 8.2 UUID-Beispiel

Je nach Implementierung der einzelnen Teile des UUID gibt es ein gewisses Restrisiko, dass Schlüssel doppelt erzeugt werden. Einerseits kann es passieren, dass die Systemzeit eines Rechners zurückgesetzt wird, was zu identischen Werten bei der Zeit führen kann. Bei mehreren unabhängigen Laufzeitsystemen auf Maschinen mit identischen IP-Adressen können identische Zufallszahlen theoretisch zu doppelten UUIDs führen. Falls für Ihre Systeme dieses Risiko zu hoch erscheint, dann müssen Sie auf komplexere Verfahren zurückgreifen. Generell ist es nicht sinnvoll, eine UUID-Erzeugung selbst zu entwickeln. In den typischen Umgebungen finden Sie geeignete Implementierungen (siehe Verweise).

Vorteile

- Hohe Performance und Einfachheit durch Verzicht auf Synchronisierung über globale Singletons oder Datenbanken.
- Unabhängigkeit von direkten Betriebssystemaufrufen durch Verzicht auf die MAC-Adresse der Netzwerkadapter (IEEE 802).

Nachteile

- Mit 32 Zeichen sind die UUIDs recht lang. Beim Aufbau von Datenbankindizes kann das hinderlich sein.
- Die Erzeugung einer UUID hängt von der IP-Adresse ab. Innerhalb einzelner Netzwerke müssen IP-Adressen eindeutig sein. Jedoch können in lokalen Netzen gehäuft die Standardadressen 192.168.X.X auftreten. Damit besteht ein gewisses Risiko, dass der entsprechende Teil des UUID nicht global eindeutig ist.
- UUIDs sind nicht sinnvoll sortierbar und für Menschen (z. B. bei der Fehlersuche) ziemlich unpraktisch.

Verweise

Die Akronyme GUID und UUID werden normalerweise synonym verwendet.

In RFC4122 (https://www.ietf.org/rfc/rfc4122.txt) finden Sie die offizielle UUID-Spezifikation.

[Marinescu] beschreibt das Muster für Enterprise JavaBeans. Seine (allerdings nur schematische) Beispielimplementierung basiert auf einem Vorschlag von Steve Woodcock.

Das JDK stellt mit java.util.UUID eine passende Implementierung bereit. Für .NET leistet System.Guid entsprechendes.

Auf der Webseite von Johann Burkard finden Sie einen interessanten Benchmark zur UUID-Generierung in Java (https://johannburkard.de/blog/programming/java/Java-UUID-generators-compared.html).

8.3 Hashwertschlüssel (Mostly Unique Hashed Attributes Identifier)

Zweck

Das Muster erzeugt einen *meistens* eindeutigen Schlüssel für einen Datensatz basierend auf dessen Attributen.

Problem/Kontext

Auf Ihrem Reporting-System finden statistische Analysen auf Aggregationen statt, so dass Verluste oder Verfälschungen einzelner Datensätze nicht ins Gewicht fallen, solange die Fehlerrate nicht zu hoch ist.

Sie bereiten täglich mehrere 100 Mio. importierte Datensätze in der Staging-Area auf, um anschließend den Reportingdatenbestand zu aktualisieren. Die importierten Datensätze müssen dazu mit bereits vorhandenen Datensätzen gemergt werden. Records besitzen leider keinen eindeutigen technischen Schlüssel,

weisen aber eine Reihe von Attributen auf, welche einen Datensatz identifizieren (Mandant, Level, Area, PXD-Nummer, Provider). Leider unterstützt Ihre Datenbank keine **Composite Keys**,
und eine simple Konkatenation würde viel zu lange VAR-
CHAR-Schlüssel ergeben.

Die bevorzugte Lösung wäre ein reproduzierbarer positiver
INT64-Wert als technischer Datensatzschlüssel, um eine
wirtschaftliche Speicherung und einen performanten Abgleich zu
ermöglichen.

Lösung

Bilden Sie einen kryptographischen Hash über die identifizierenden (unveränderlichen!) Merkmale des Datensatzes
und wandeln Sie 63 Bits des Hashwertes in einen positiven
INT64-Wert, den Sie dann als Schlüssel des Datensatzes verwenden.

Dabei nehmen Sie eine gewisse Kollisionswahrscheinlichkeit in Kauf, die aber verfahrensbedingt gering ausfällt. Es ist
dabei unwichtig, welchen Ausschnitt der Hash-Bitfolge Sie
verwenden. Nur die Länge der gewählten Bit-Sequenz beeinflusst die Kollisionswahrscheinlichkeit. Würde es eine Rolle
spielen, welchen Teil Sie wählen, wäre die Hashfunktion
minderwertig.

Die Anzahl möglicher unterschiedlicher Schlüssel **m** wird
durch die gewählte Menge Bits bestimmt. In der Abbildung sehen
Sie eine Simulation mit 32 Bits, wobei den Hashwertschlüsseln
(hash(composite)) die Hashwerte über UUIDs, der gehashte Index
(1, 2, 3 usw.) sowie zum Vergleich 32-Bit-Pseudozufallszahlen
gegenübergestellt sind (Abb. 8.3).

Das Kollisionsverhalten ist unabhängig vom Input, solange
dieser eindeutig ist. Oben links sehen Sie, dass die verschiedenen
Graphen einer bestimmten Kurve folgen. Deren Verlauf S ergibt
sich aus der wachsenden Kollisionschance jedes nachfolgend ge-

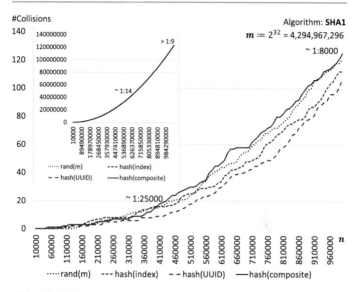

Abb. 8.3 Kollisionsverhalten

nerierten Schlüssels mit einem bereits vorgekommenen Schlüssel und kann wie folgt dargestellt werden:

$$\forall m \in \mathbb{N}, \forall n \in \mathbb{N}_0$$

$$S_n = \begin{cases} 0 & n = 0 \\ \displaystyle\sum_{i=1}^{n} \frac{i-1-S_{i-1}}{m} & n > 0 \end{cases}$$

$$= c(m,n) = n - m + m \times \left(\frac{m-1}{m}\right)^n$$

Mithilfe der Funktion $c(m,n)$ können Sie berechnen, mit wie vielen Kollisionen Sie bei **n** generierten Schlüsseln ungefähr rechnen müssen. Gut erkennbar ist, dass die Anzahl benötigter Schlüssel **n** deutlich geringer sein sollte als **m**, weil sich die Zahl der Kollisionen stark erhöht, je näher **n** an **m** heranrückt. 32-Bit-Integers sind daher oft unzureichend!

Vorteile

- Das Verfahren ist einfach zu implementieren, weil in praktisch allen Programmiersprachen Bibliotheken mit leistungsfähigen Hashfunktionen bereitstehen.
- Sie erzeugen wirtschaftliche Schlüssel in einem vorab definierbaren numerischen Wertebereich.
- Das Verhalten lässt sich vor dem tatsächlichen Einsatz mit wenig Aufwand simulieren.

Nachteile

- Es kann zu Kollisionen (unterschiedliche Datensätze mit identischem Key) kommen. Wenden Sie das Muster nur an, wenn (seltene) Kollisionen weder technisch noch fachlich zu inakzeptablen (katastrophalen) Fehlern führen.
- Das Generieren der Schlüssel ist vergleichsweise teuer (CPU) – einige Hinweise finden Sie in den Verweisen unten.
- Ausschließlich mit Datenbankmitteln ist diese Form der Schlüsselerzeugung schwierig zu implementieren.

Verweise

- [PKC1] erläutert die Herleitung der oben dargestellten Reihe S bzw. der Funktion c zur Berechnung der Anzahl zu erwartenden Kollisionen sowie den Zusammenhang mit dem Geburtstagsparadoxon.
- Eine sehr schöne Übersicht zu SHA-Algorithmen bietet der Artikel *Secure Hashing Algorithms* (Nathan Landman, Eli Ross, Christopher Williams) unter https://brilliant.org/wiki/secure-hashing-algorithms/.
- Eine kurze Übersicht über Laufzeiten („Performance") von Hashfunktionen finden Sie unter https://automationrhapsody.com/md5-sha-1-sha-256-sha-512-speed-performance/.
- Diskussionen zum Thema Hashfunktionen und deren Kollisionswahrscheinlichkeit:

- https://preshing.com/20110504/hash-collision-probabilities/
- https://crypto.stackexchange.com/questions/2583/is-it-fair-to-assume-that-sha1-collisions-wont-occur-on-a-set-of-100k-strings/2584
- https://crypto.stackexchange.com/questions/35403/hash-algorithm-with-the-least-chance-for-collision
- https://www.theregister.co.uk/2017/02/23/google_first_sha1_collision/

Sonstige Patterns

9

9.1 Money (Währung)

Zweck

Ein Objekt repräsentiert einen Geldbetrag.

Problem/Kontext

Kommerzielle Software-Systeme operieren häufig mit Geld. Trotzdem müssen Sie dieses Konzept in vielen Systemen neu implementieren und dabei folgende Ansprüche erfüllen:

- Mehrwährungsfähigkeit: Viele Unternehmen operieren international, über Währungsgrenzen hinweg. Damit gehen Umrechnungsfaktoren einher.
- Aufteilbarkeit: Stellen Sie sich vor, Sie möchten einen Betrag von 5 €-Cents auf zwei Konten verteilen, 70 % auf das eine, 30 % auf das zweite. Rein rechnerisch müssen Sie 3,5 respektive 1,5 Cents verbuchen – dabei schlagen jedoch die Rundungsregeln Kapriolen: Runden Sie auf (4 beziehungsweise 2 Cents), so verteilen Sie einen Cent mehr, als Sie ursprünglich hatten. Runden Sie jedoch ab, dann verlieren Sie einen Cent (Dieses Beispiel stammt von Matt Foemmel, zitiert nach [Fowler]).

© Springer-Verlag GmbH Deutschland, ein Teil von Springer Nature 2024
K. Eilebrecht, G. Starke, *Patterns kompakt*, IT kompakt,
https://doi.org/10.1007/978-3-658-43234-8_9

- Währungsneutralität: Grundsätzlich gehört zu Money-Objekten deren Einheit (Taler, Piaster, Rubel, Goldstücke, Gummibären und Ähnliche). Wichtig ist auch eine freie Konvertierbarkeit von einer Währung in die andere.

Einfache Fließkommazahlen genügen diesen Ansprüchen nicht; sie scheitern bereits an einfachen Additionsaufgaben (siehe Abb. 9.1).

Lösung

Verwenden Sie eine Money-Klasse. In [Fowler] liefern Matt Foemmel und Martin Fowler eine praktisch einsetzbare Beispielimplementierung in Java (siehe Abb. 9.2).

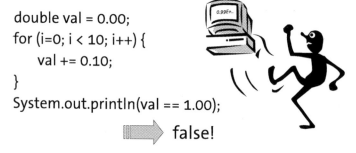

```
double val = 0.00;
for (i=0; i < 10; i++) {
      val += 0.10;
}
System.out.println(val == 1.00);
```

⟹ false!

Abb. 9.1 Ärger mit Fließkommazahlen

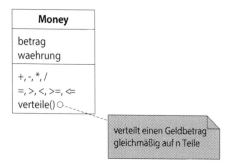

Abb. 9.2 Money

Vorteile

Die Money-Klasse kapselt und dokumentiert Vorgehensweisen im Umgang mit Geldbeträgen. Sie können darin Ihre eigenen Rundungsregeln implementieren, ebenso eigene Strategien zur Aufteilung von Geldbeträgen. Anstatt in jedem Einzelfall eine mehr oder weniger gute Berechnung zu implementieren, standardisiert die Money-Klasse das Verhalten von Geldbeträgen über Klassen und Module hinweg. Dies führt auch zu besserer Nachvollzieh- und Testbarkeit.

Nachteile

Gegenüber der reinen Zahlendarstellung verlieren Sie mit einer Money-Klasse signifikant Performance. Zudem können die unvermeidbaren Übergänge (z. B. Import, Export, Ausgabeformatierung) zwischen Fließkommazahlen und der Money-Darstellung eine Herausforderung sein.

Verwendung

Überall dort, wo Sie mit Geldbeträgen operieren, sollten Sie eine Money-Klasse verwenden.

Verweise

[Fowler].
   Einige Hinweise zur Implementierung erhalten Sie aus der begleitenden Dokumentation zum Java-Testframework JUnit (https://www.junit.org), dessen Autoren Erich Gamma und Kent Beck eine Money-Klasse als Beispiel verwenden.
   Die Currency-Klasse des Java-JDK ist, trotz des vielversprechenden Namens, lediglich eine Kapselung für Währungseinheiten, nicht jedoch für Geldbeträge. Sie liefert entsprechend dem Ländercode ein ISO-konformes Währungskennzeichen zurück –

versuchen Sie es mal mit `System.out.println(Currency.getInstance(Locale.CHINA))`. Es gibt seit 2012 mit JSR 354 (Money and Currency API) einen Vorstoß, diese unbefriedigende Situation grundlegend zu verbessern und zukünftig eine umfangreiche Implementierung direkt in das JDK (oder wenigstens die JEE) zu integrieren.

Joda Money (https://www.joda.org/joda-money/) bietet eine Implementierung wichtiger Basisfunktionen in Java.

Auf der Webseite zum Buch (siehe [PK]) finden Sie ein lauffähiges Codebeispiel mit vielen Kommentaren zum Experimentieren. Viel Spaß!

9.2   Null-Objekt

Zweck

Es wird eine Klasse definiert, die „nichts" tut – wobei das „Nichts" fachlich ist.

Problem/Kontext

Häufig rufen Sie Methoden auf Objekten auf, die eventuell noch nicht existieren. In diesem Fall enthält Ihr Quellcode Abfragen der folgenden Form:

```
if (anObject != null)
  anObject.someMethod();
```

Wer hat nicht schon mindestens einmal diese Abfrage vergessen und sich damit im besten Falle Exceptions und im schlimmsten Falle gravierende Laufzeitfehler eingehandelt? Abfragen dieser Art einfach wegzulassen, ist bei entsprechender Testabdeckung zwar denkbar, erhöht aber das Risiko: Methodenaufrufe auf nicht initialisierten oder noch nicht erzeugten Objekten führen zu unerwarteten Ergebnissen oder Exceptions. Mit etwas Pech passiert das erstmals in der Produktivumgebung.

Lösung

Definieren Sie eine spezielle (Null-)Klasse mit denselben Methoden und Signaturen wie die eigentliche Fachklasse (siehe Abb. 9.3). Diese Klasse implementiert entweder leere Operationen oder solche, die fachlich gesehen einem „Nichtstun" entsprechen (etwa: Rückgabe passender Default-Werte). Verwenden Sie eine Instanz dieser Null-Klasse immer dann, wenn die Referenz des echten Objekts null wäre. Der Polymorphismus befreit Sie von den lästigen Abfragen im Quellcode.

Das Null-Objekt können Sie zusammen mit vielen anderen Mustern einsetzen: Ein Null-Command tut nichts, eine Null-Collection ist leer (und kann nicht geändert werden).

Vorteile

Null-Objekte erlauben den Verzicht auf Abfragen oder Exception-Behandlung, die nicht Bestandteil der eigentlichen Fachlogik sind. Code wird dadurch lesbarer. Ein Null-Objekt vermeidet die (aus C-basierten Sprachen stammende) Eigenschaft, dass manche Funktionen oder Methoden null oder 0 zurückgeben und Sie die Rückgabewerte solcher Methoden immer prüfen müssen.

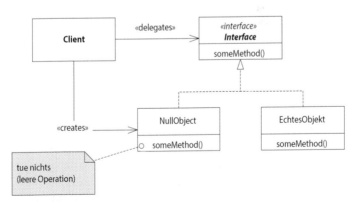

Abb. 9.3 Null-Objekt

Nachteile

Falls Sie Null-Objekte nachträglich in bestehende Systeme einfügen, müssen Sie möglicherweise an vielen Stellen im Quellcode
die (bisherigen) Abfragen auf `null` entfernen. Initial kann das
einen erheblichen Aufwand bedeuten.

Verweise

[Fowler] beschreibt eine verallgemeinerte Fassung mit Namen
Special Case (Sonderfall). Darin führt er für sämtliche Sonder-
fälle eigene Klassen ein, nicht nur für den Null-Fall. Er bezeichnet
zu Recht das Null-Pattern als Sonderfall vom Sonderfall. Wir sind
jedoch der Meinung, dass der *Special Case* `null` in der Praxis
am häufigsten vorkommt.

Weitere Quellen für das Null-Objekt-Pattern: Bobby Woolf, in
[PloPD3] sowie [Martin], S. 189.

Ob die Rückgabe von `null` nun per se Teufelszeug ist, bleibt
eine Stil- oder gar Glaubensfrage. Man kann sich darüber herrlich
streiten 😊. Wir empfehlen, Variablen mit Aggregationstypen
(Arrays, Listen, Trees, „alles, was man iterieren kann") wirklich
niemals `null` zuzuordnen. Ansonsten dokumentieren Sie das
Rückgabeverhalten einer Methode – mit oder ohne `null`.

9.3   Registry

Zweck

Eine Registry ist ein „bekanntes" Objekt, das beim Auffinden allgemeiner Dienste oder Objekte hilft.

Szenario

In vielen Systemen benötigen Sie eine Verwaltung aller Nutzerinnen und Nutzer, etwa zur Authentifizierung und für das Rechtemanagement. Diese Verwaltungsinformationen sind an vielen Stellen in Ihren Programmen erforderlich. Sie möchten bestehende Dienste (wie LDAP) gegenüber Ihrem System kapseln.

Problem/Kontext

Sie möchten ein Objekt suchen, zu dem bestehende Objekte noch keine Beziehung haben. Dafür benötigen Sie einen geeigneten Startpunkt, einen „Finder" oder eine Registratur.

Lösung

Führen Sie eine Registry-Klasse ein, die einen programmweiten Zugang zu benötigten Objekten ermöglicht (siehe Abb. 9.4). Eine Registry wird in der Regel ein → Singleton (Abschn. 2.4) sein. Bedenken Sie, in welchem Kontext Sie die Registry verwenden wollen: Prozess, Thread oder Session.

Sie können beispielsweise statische Methoden für die Implementierung der Registry verwenden.

Vorteile

Sie gewinnen durch die Registry einen einheitlichen Zugang zu prozess-, thread- oder sessionweit benötigten Daten oder Diensten.

Abb. 9.4 Registry

Nachteile

Eine Registry enthält globale Daten und verstößt damit gegen das Kapselungsprinzip. Als Alternative können Sie die benötigten Objekte jeweils in Methodenaufrufen mitgeben – wir empfinden überlange Parameter-Listen jedoch als erheblich störender als eine isolierte Registry-Klasse.

Verwendung

Sie können in der Registry beispielsweise LDAP- oder Active-Directory-Zugriffe kapseln. Diese Variante ist in der JEE-Welt als Service Locator Pattern bekannt (vgl. [Bien]). Die Kapselung des Namensdienstes (JNDI) vereinfacht den Zugriff für die Clients und schirmt sie von Besonderheiten der Namensdienst-implementierung ab. In Verbindung mit einem Cache kann zudem die Anzahl der nötigen JNDI-Zugriffe gesenkt werden, was die Performance der Anwendung verbessert.

Eine Registry kann in einem → PlugIn (Abschn. 6.3)-Szenario dazu dienen, dem System das Auffinden der PlugIns als auch den PlugIns den Zugriff auf verfügbare Dienste und andere PlugIns zu ermöglichen.

Eine → Identity Map (Abschn. 7.2) kann ebenfalls als Registry implementiert werden.

Verweise

[Fowler] diskutiert das Pattern ausführlich. Er verwendet es im Zusammenspiel mit der → Identity Map (Abschn. 7.2). Sie finden dort ein Codebeispiel einer threadsicheren Implementierung.

9.4   Service Stub

Zweck

Ein Service Stub, auch bekannt als *Mock* (Oberbegriff *Test Double* nach [Meszaros]), stellt eine (Dummy-)Implementierung eines problematischen Services bereit.

Szenario

Sie benötigen zum Testen Zugriff auf Komponenten, die aus verschiedenen Gründen nicht verfügbar sind, weil beispielsweise deren Implementierung noch nicht abgeschlossen oder unausgereift ist, oder weil der Zugriff auf diese Komponenten in der Entwicklungsumgebung problematisch ist. Denken Sie beispielsweise an kostenpflichtige Anfragen wie Kreditwürdigkeitsprüfung oder sicherheitskritische Dienste wie Auskünfte über anhängende Mahnverfahren.

Lösung

Im ersten Schritt definieren Sie für den Zugang zu dem betreffenden Service (Kritischer Service) eine passende Schnittstelle (siehe Abb. 9.5). Ihre Clients arbeiten ausschließlich mit dieser Abstraktion.

Vorteile

Sie können mit Service Stubs bereits frühzeitig das Zusammenspiel verschiedener Systemkomponenten testen.

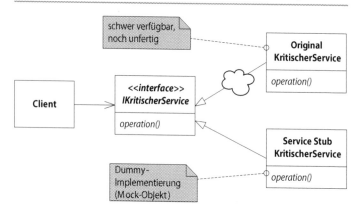

Abb. 9.5 Service Stub

Verwendung

Für umfassende Tests benötigen Sie in iterativ-inkrementellen Entwicklungsprozessen, beim eXtreme Programming oder der testgetriebenen Entwicklung sehr früh (Dummy-)Implementierungen von Klassen, deren fertige Versionen leider erst später zur Verfügung stehen werden. Service Stubs stellen Ihnen genau diese Implementierungen bereit.

Implementierung

Wenn Ihre favorisierte Programmiersprache über die Möglichkeit verfügt, neue Klassen dynamisch zu erzeugen, dann können Sie Service Stubs zur Laufzeit automatisch erzeugen lassen. In Java oder Ruby geht das ganz hervorragend. Einige Frameworks im Java-Umfeld nutzen hierfür Dynamic Proxies (→ Proxy (Abschn. 4.5)).

Varianten/Strategien

Mock ist der gebräuchlichste Begriff, um den (temporären) Ersatz „echter" Komponenten oder Schnittstellen zu Testzwecken zu bezeichnen. Dahinter verbirgt sich jedoch eine Familie, deren Mitglieder sehr verschieden sind.

Gerard Meszaros (vgl. [Meszaros]) hat den Oberbegriff *Test Double* geprägt und unterscheidet u. a. folgende Typen:

- Ein **Dummy** ist die einfachste Form des Test-Doubles. Die Implementierung ist auf „Nichtstun" beschränkt und stellt lediglich sicher, dass es nicht zu Exceptions kommt, indem sie minimal-kompatible (oft statische) Werte zurückliefert.
- Etwas aufwändiger ist der **Test Stub**, der mit festgelegten Rückgabewerten bzw. mit vordefiniertem Verhalten auf Aufrufe reagiert.
- Zur Verifikation der Testaufrufe und ggf. der Abfolge während der Ausführung dient ein **Mock-Objekt**. Häufig basierend auf einem Testframework enthält es Logik, um die Zustände und Erwartungswerte mitzuführen und prüfen zu können.
- Ähnlich wie das Mock-Objekt dient der **Test-Spy** der Verifizierung. Jedoch ist der Zeitpunkt der Prüfung ein anderer. Der Test-Spy protokolliert zunächst die Ein- und Ausgaben während der Testausführung, sodass die Erwartungen im Anschluss überprüft werden können.
- Das **Fake-Objekt** kommt trotz seines Namens einer realen Implementierung am nächsten. Es reagiert wie eine „echte" Implementierung, ist aber aufgrund von Performance-, Kapazitäts- oder Verteilungseinschränkungen nicht für den Produktivbetrieb geeignet. Eine Fake-Implementierung könnte beispielsweise eine In-Memory-Datenbank nutzen, um einen Service zu Testzwecken verfügbar zu machen.

Verweise

Eine Reihe von Werkzeugen unterstützt die automatische Generierung von Mock-Objekten für Testzwecke (z. B. https://github.
com/mockito/mockito/wiki oder https://easymock.org/).

David Rice beschreibt in [Fowler] das Pattern ausführlich.

9.5   Value Object (Wertobjekt)

Zweck

Die Vergleichsoperation einfacher Objekte wird durch eine neue
ersetzt, die auf den Attributwerten und nicht auf der Objektidentität basiert (vgl. [Fowler]).

Problem/Kontext

Kleine, einfache Objekte wie Geld oder Datum werden oft benutzt und müssen häufig verglichen werden. Normalerweise basiert der Vergleich auf Objektidentität. Die gesetzten Attributwerte werden dabei nicht berücksichtigt. Zwei Objekte mit einer
Reihe von Attributen anhand derer Werte zu vergleichen, ist somit
jedes Mal recht aufwendig.

Lösung

Definieren Sie die Vergleichsoperation für diese Objekte (*Value
Objects*) neu, sodass statt der Objektidentität die Attribut-
informationen für den Vergleich herangezogen werden. Das Wissen um den attributbasierten Vergleich wird zentral in der Klasse
des Wertobjekts gehalten.

Vorteile

An den Stellen im Code, an denen ein Vergleich zweier Wertobjekte vorgenommen wird, vereinfacht sich die Implementierung. Der Code für den Vergleich wird zentral gepflegt und erweitert. Bei der Nutzung der Vergleichsoperation benötigen Sie nun kein Wissen mehr über den inneren Aufbau des Wertobjekts.

Nachteile

Die unbedachte Änderung des Vergleichsverhaltens von Objektinstanzen kann zu unerwünschten Seiteneffekten führen. Wenn Sie die Vergleichsoperation überschreiben (Operator, Methode oder beides), müssen Sie sich darüber im Klaren sein, dass diese in jeder Sprache eine zentrale Rolle spielt und möglicherweise in komplexen Beziehungen zu anderen Operationen steht. Ein Beispiel ist Java; beim Überschreiben von `equals(...)` müssen Sie die Methode `hashCode()` ebenfalls implementieren.

Varianten/Strategien

Ein Value Object verhält sich bis auf die Vergleichsfunktion wie jedes andere Objekt. In der Regel ist es jedoch sinnvoll, die Wertobjektinstanzen unveränderlich (*immutable*) zu machen [Fowler]. Wird z. B. ein konkreter Geldbetrag als Value Object allen Personen einer Liste zu Anfang zugewiesen und dieser dann für eine einzelne Person geändert, sollte dies keine Auswirkungen auf alle anderen Personen haben.

Verweise

In der JEE-Gemeinde wird der Begriff Value Object gelegentlich synonym für → Data Transfer Object (Abschn. 5.2) verwendet. Das führt zu einem schweren Namenskonflikt. Wir haben uns entschlossen, das Value Object wie Martin Fowler einzuführen (vgl. [Fowler]).

Auf der Webseite zum Buch (siehe [PK]) betreiben wir in
einem Codebeispiel ein wenig Bruchrechnung.

Viele Hochsprachen (z. B. Java, C#, Python) bieten Sprach-
elemente (Record, Tuple), die unveränderliche Value Objects elegant abbilden und dabei einige Probleme (Identität, Vergleich,
Hashcode etc.) von vornherein vermeiden. Dies führt zu robuste-
rem und kürzerem Code.

9.6   Schablonendokumentation

Zweck

Dokumentation ist ein ungeliebtes Thema in vielen IT-Projekten.
Die Beteiligten haben verschiedene Vorstellungen, was und in welcher Form dokumentiert werden soll. Schablonendokumentation
ermöglicht Ihnen, sofort und ohne Verzögerung mit der Dokumentation zu beginnen, ohne vorher lange Diskussionen um angemessene Strukturen zu führen.

Problem/Kontext

Sie müssen in IT-Projekten mindestens zwei wesentliche Dinge
dokumentieren:

- Die Anforderungen, auch genannt Problemstellung oder Requirements.
- Die Lösung, auch genannt Architektur.

Viele Projekte verbringen (zu) viel Zeit damit, die Struktur dieser
Dokumentationen zu entwickeln, statt sich schnellstmöglich auf
die Inhalte zu konzentrieren. Hier hilft es, projekt- oder system-
übergreifend benutzbare Schablonen oder Vorlagen zu verwenden,
um unproduktive Diskussionen über den Aufbau dieser Dokumentation zu vermeiden. Der Grundtenor dieses Musters ist daher die
Wiederverwendung etablierter Dokumentationsstrukturen (aka
„Templates").

Lösung 1: Schablone zur Dokumentation von Anforderungen

Eine bekannte Schablone zur Dokumentation von Anforderungen stammt aus [Volere] (siehe Abb. 9.6). Sie gibt eine Struktur vor, in der alle wesentlichen Aspekte der Anforderungsanalyse eine passende „Heimat" finden. Seit der Vorstellung 1995 haben Hunderte von Projekten ihre Analyse erfolgreich nach dieser Vorlage dokumentiert. „Volere" ist übrigens ein italienisches Verb und bedeutet „wollen, wünschen".

Treibende Kräfte des Projektes		12.	Anforderungen an Performance
1.	Zweck des Projektes	13.	Anforderungen an den Betrieb
2.	Auftraggeber, Kunde und andere Beteiligte	14.	Anforderungen an Wartbarkeit und Support
3.	Benutzer des Produktes/Systems	15.	Sicherheitsanforderungen
		16.	Kulturelle und politische Anforderungen
Randbedingungen des Projektes		17.	Juristische Anforderungen
4.	Bekannte Einschränkungen		
5.	Konventionen und Definitionen	**Projektangelegenheiten**	
6.	Relevante Fakten und Annahmen	18.	Offene Punkte
		19.	Fertiglösungen
Funktionale Anforderungen		20.	Neu entstehende Probleme
7.	Umfang (Scope) der Arbeit	21.	Aufgaben
8.	Umfang (Scope) des Produktes	22.	Migration
9.	Anforderungen an Funktionen und Daten	23.	Risiken
		24.	Kosten
Nichtfunktionale Anforderungen		25.	Benutzerdokumentation und -training
10.	Anforderungen an Aussehen	26.	Warteraum – bisher nicht zugeordnet
11.	Anforderungen an Bedienbarkeit	27.	Ideen für Lösungen

Abb. 9.6   Inhaltsverzeichnis des Volere-Templates

Das Volere-Template besteht aus 27 einzelnen Kapiteln, eingeteilt in fünf große Gruppen. Suchen Sie sich alle diejenigen Teile davon heraus, die für Ihr konkretes System oder Projekt passen. Wir haben gute Erfahrungen damit gemacht, diese Dokumentation während der Projektlaufzeit zu pflegen und beispielsweise nach jeder abgeschlossenen Iteration (Sie entwickeln doch iterativ, oder?) einen Zwischenstand zu versionieren.

Eine moderne, schlanke und pragmatische Variante bietet https://req42.de, das leider bisher in der Praxis (Stand Ende 2023) wenig Einzug gefunden hat.

Lösung 2: Schablone zur Dokumentation von Softwarearchitekturen

Die Schablone zur Dokumentation von Softwarearchitekturen (siehe https://arc42.org/) gibt eine Gliederung vor, in der alle wesentlichen Themen rund um Softwarearchitektur ihr Zuhause haben. Aus dem gefüllten Repository können Sie für jeden Stakeholder die relevanten Informationen extrahieren und verständlich aufbereiten.

Die folgende Tabelle (Abb. 9.7) zeigt die zwölf Sektionen des arc42-Templates. Sie finden im Web arc42, insbesondere auf https://docs.arc42.org zu jeder Sektion von arc42 ausführliche Erläuterungen (Was sollten Sie bedenken, entscheiden und dokumentieren?), eine Motivation (Warum und für wen?), Vorschläge für die Form und Notationen (Wie könnte solche Dokumentation aussehen?) inklusive zahlreicher Beispiele.

Lassen Sie uns einige wichtige Punkte aus diesem Template herauspicken, ohne hier vollständig auf die einzelnen Sektionen einzugehen.

- Geben Sie die wesentlichen Qualitätsanforderungen (Sektion 1.2) explizit an! Wonach wollen Sie ansonsten beurteilen, ob Ihre Architektur gut genug ist, wenn Sie nicht einmal diese Anforderungen kennen? Hier in der Einführung genügen die wichtigsten 3–5 dieser Anforderungen.

1	Einführung und Ziele	7	Verteilungssicht
1.1	Aufgabenstellung	7.1	Infrastruktur des Gesamtsystems
1.2	Qualitätsanforderungen	7.2	Infrastruktur Ebene 2
1.3	Stakeholder		
2	Randbedingungen	8.	Querschnittliche Konzepte
3	Kontextabgrenzung	9	Architekturentscheidungen
4	Lösungsstrategie	10	Qualitätsanforderungen
5	Bausteinsicht	11	Risiken und technische Schulden
5.1	Ebene 1: Whitebox Gesamtsystem		
5.2	Ebene 2		
5.3	...		
6	Laufzeitsicht	12	Glossar
6.1	Laufzeitszenario 1		
6.2	Laufzeitszenario 2		

Abb. 9.7 Inhaltsverzeichnis des arc42-Templates zur Architekturdokumentation

- Grenzen Sie Ihr System gegen die Systemumgebung systematisch ab. Aus fachlicher Sicht hat das hoffentlich schon das Requirements Engineering erledigt (Sektion 3.1). Wenn nicht, ist es höchste Zeit!

- Die Lösungsstrategie (Sektion 4) beschreibt die wesentlichen („strategischen") Entscheidungen oder Festlegungen – die alle kennen sollten.

- An der Bausteinsicht (Sektion 5) geht kein Weg vorbei. Sie ist so etwas wie der Grundrissplan eines Hauses. Selbst wenn Sie auf eine ausführliche Architekturdokumentation verzichten – zumindest die grobe Einteilung in Subsysteme sollten Sie für jedes Ihrer Systeme erklären. Oftmals genügt allerdings die oberste Zerlegungsebene des Systems – weitere Details könnten Sie über „Konzepte" erläutern.

- Sektion 8 beschreibt die querschnittlichen (oft sehr technischen) Konzepte oder Prinzipien Ihres Systems. Dazu gehören wiederkehrende Muster oder Regeln, nach denen wichtige Aufgaben im System erledigt werden (etwa: Persistenz, UI, Logging und ähnliche). Die Architektursichten (Sektionen 5–7) und diese Konzepte beeinflussen sich in hohem Maße gegenseitig.

Vorteile

- Ihre Teams konzentrieren sich sofort auf Inhalte, statt über Strukturen diskutieren zu müssen.
- Dokumente einheitlicher Struktur sind oftmals leichter verständlich, sofern die Leser und Leserinnen diese Struktur kennen. Daher eignet sich *Schablonendokumentation* sehr gut zur Wissensvermittlung und zum Wissenstransfer über Projekt- oder Systemgrenzen hinweg.
- Vorgegebene Strukturen verhindern sehr effektiv, dass wesentliche Aspekte der betreffenden Szenarien (hier: Anforderungen und Architektur) vergessen werden. Ergänzen Sie dazu bei Bedarf die oben gezeigten Lösungen um Ihre eigenen, projekt-, domänen- oder organisationsspezifischen Themen. Dadurch wird *Schablonendokumentation* zu einer Art Checkliste.

Nachteile

Die oben genannten Schablonen erfordern vor ihrer ersten Benutzung durch ein Projektteam möglicherweise eine Einarbeitung – ein Aufwand, den manches Management (leider) scheut.

Verwendung

Sie können Schablonendokumentation immer dann einsetzen, wenn Sie ähnliche Aspekte für mehrere Systeme oder Projekte dokumentieren müssen.

Verweise

Volere (https://www.volere.org/) ist ein seit Jahren bewährtes Schema zur Dokumentation von Anforderungen. Seine Schöpfer, das Ehepaar Suzanne und James Robertson, gehören zur Atlantic Systems Guild und haben als Ergänzung zu Volere einen passenden Prozess entwickelt, den sie Mastering the Requirements Process nennen. Das Volere-Template erhalten Sie im Word- oder pdf-Format. Es enthält eine Vielzahl von Ausfüll- und Nutzungshinweisen.

arc42 (https://arc42.org, https://docs.arc42.org sowie https://faq.arc42.org) ist open-source und damit frei verfügbar. Sie finden Sie dort Erläuterungen, Beispiele, und Tipps, die bei der Erstellung eigener Architekturdokumentation helfen können.

Unter https://canvas.arc42.org finden Sie eine Schablone (Canvas) für einen „Steckbrief" Ihrer Architektur auf einer einzigen Seite – inklusive einiger Beispiele. Eine dringende Empfehlung für Teams unter Zeitdruck.

9.7 Inbetriebnahme

Wir haben verschiedene Muster vorgestellt, Ihre Software sinnvoll zu strukturieren und für zukünftige Entwicklungen fit zu machen. Entwurf, Programmierung und Test[1] machen aber nur einen Teil des Lebenszyklus aus. Direkt im Anschluss (bzw. besser viel früher!) steht die Frage im Raum, wie die neue Applikation, das neue Modul oder ein geändertes Verhalten in den Betrieb überführt werden soll.

Es gibt zahlreiche Ansätze, mit diesem Problem umzugehen, vom klassischen „jährlichen" Rollout bis zu Continuous Delivery [CONDEV1]. Uns fehlt hier der Platz, um die verschiedenen Strategien mit ihren Vor- und Nachteilen zu erörtern. Dazu sei auf [CONDEV2] verwiesen. Wir gehen davon aus, dass die meisten unserer Leserinnen und Leser irgendwo in der Mitte liegen, also weder mit großer Sorge auf das 12-monatige Damokles-Rollout blicken (mit prädiktiver Urlaubsplanung ☺) noch voller Dynamik alles in die Produktion schieben, was der Buildserver hergibt. Im Folgenden haben wir einige Tipps und Hinweise für Sie zusammengestellt, die in vielen unterschiedlichen Release- und Rollout-Szenarien hilfreich sein können.

---

[1]Das Thema „Test" halten wir aus diesem Buch bewusst heraus, es würde massiv den Rahmen sprengen.

Inbetriebnahme beginnt vor der Entwicklung

Dieser etwas provokante Satz betrifft in erster Linie die *Erweiterung* von Software. Insbesondere, wenn die Umsetzung einer neuen Anforderung das bestehende Verhalten ändert oder gar eine Migration erfordert, muss der Pfad zur Inbetriebnahme so früh wie möglich diskutiert werden. Falls Sie SCRUM-like arbeiten, gehört dieser Punkt ins Grooming.

Feature Branches

Wenn Sie mehrfach im Jahr etwas abliefern wollen, aber vor Continuous Delivery zurückschrecken, besteht der Druck zu einem Zeitpunkt X eine neue Version der Software auszurollen. Dies wird ggf. zu einem Zeitpunkt Y angekündigt. Der Termin steht, Spielraum gibt es folglich nur beim Umfang. Dabei möchten Sie unfertige Features nicht deployen – aber wie?

Eine Möglichkeit, Features zu entwickeln und dabei isoliert von der restlichen Software zu halten, bis sie die nötige Reife haben, bieten Feature Branches (siehe [Fowler-3], [CONDEV1]). Dabei macht man sich die Stärken moderner Code-Verwaltungssysteme wie git zunutze. Das Feature wird auf einem sogenannten *Branch* entwickelt, einer Art Kopie Ihres Code-Projekts. Während der Entwicklungszeit wird der Branch bei Bedarf mit den sonstigen Änderungen aktualisiert (Merge), jedoch nicht umgekehrt. Die Arbeit im Feature Branch bleibt somit eine Zeit lang einseitig isoliert. Erst wenn ein bestimmter Reifegrad erreicht ist bzw. eine Entscheidung getroffen wurde, dieses Feature im nächsten Release haben zu wollen, wird der Feature Branch zurückgemergt und anschließend gelöscht. Dieser Vorgang kann durch Reviews unterstützt werden; Pull-Requests (siehe [GHPLR]) sind ein Beispiel dafür.

Dabei sollten Sie einige Nachteile beachten:

• Merge-Konflikte können entstehen, wenn der Hauptentwicklungsstrang zwischenzeitlich ebenfalls Änderungen erfahren hat. Nicht immer lassen diese sich einfach auflösen. Schlimmstenfalls werden andere Features beschädigt („Das hat aber mal funktioniert!").

- Zu lange auf Feature Branches „geparkte" fast fertige Features können degenerieren. Eine hohe Anzahl von Merge-Konflikten plus das Risiko, das diejenigen, die den Code seinerzeit entwickelt haben, nicht mehr verfügbar sind, kann zu unerwartet hohem Entwicklungsaufwand führen, um das Feature „wieder flott" zu machen.
- Solange das Feature isoliert in „seinem" Branch liegt, werden regelmäßige Integrationstests erschwert. Das kann zu Überraschungen und erhöhtem Testbedarf nach dem Merge führen (vgl. [CONDEV2]).
- Die Möglichkeit zur Feature-Release-Steuerung mittels Feature Branches ist grobgranular. Haben Sie das Feature erst einmal gemergt, ist es nur sehr mühsam wieder zu entfernen.

Beachten Sie auch die Diskussion zu Feature-Toggles weiter unten.

Release-Nummern-Zirkus

Die Versionierung von Software kann leicht zum Streit führen, weil es unterschiedliche Interessen gibt, wann und in welchem Maße die Version anzupassen ist. Während sich das Engineering an größeren technischen Änderungen oder aufwändigen Features orientiert, bezieht das Marketing strategische Überlegungen und aktuelle Ereignisse (z. B. Herbstmesse) in die Definition mit ein (auf die 8.4 folgt jetzt die 10.0!). Der kleinste gemeinsame Nenner ist dabei, dass die Nummerierung „irgendwie aufsteigend" erfolgen soll. Eine Option besteht darin, die interne von der externen Versionierung zu entkoppeln. Davon möchten wir Ihnen abraten, weil diese Indirektion („Mapping") naturgemäß zu Verwirrung führt, besonders im Support. Stattdessen können Sie die Versionsnummer partitionieren. Das Marketing bekommt die ersten beiden Stellen (z. B. „8.1"), um größere und kleinere Sprünge abzubilden. Engineering bekommt den Rest (z. B. eine Stelle für technische Sprünge und eine Buildnummer), im Beispiel also 8.1.**6.31**. Wenn Sie dafür sorgen, dass nach außen nur die ersten beiden Stellen kommuniziert werden, vermeiden Sie weitere Diskussionen.

Ein Release ist ein Release ist ein Release

Ein einmal releastes Artefakt ist eindeutig (s. a. [CONDEV1]). Obwohl es eine Selbstverständlichkeit sein sollte, wird die Brisanz dieses Themas oft unterschätzt, wenn „die Bude brennt". Sobald Sie ein RPM, ein JAR, ZIP etc. als eine bestimmte Version (Build) ausgerollt haben, gibt es keinen akzeptablen Fall, in dem unter der exakt gleichen Release-Nummer eine geänderte Fassung läuft. Auch wenn es mühsam ist, Sie müssen erneut releasen mit einer anderen Versionsnummer! Anstatt eine releaste Version zu verbiegen (i. e. Tausch von Klassen), ist es im absoluten Notfall besser, einen sogenannten SNAPSHOT (also gut erkennbar kein Release) zu deployen und ein Ticket zur schnellstmöglichen Ersetzung durch eine releaste Version zu erstellen.

Versionstransparenz

Machen Sie es so einfach wie möglich, die exakte Version der deployten Software zu ermitteln. Denken Sie dabei an weniger erfahrene Kollegen oder das Support-Personal, ggf. in anderen Zeitzonen. Ein einfacher Check, „was da eigentlich läuft", spart Zeit und schont die Nerven.

Rollout-Kalender

Führen Sie Buch darüber, was wann geändert wird. Sehr einfach zu organisieren sind Tickets mit Zeitinformationen wie beispielsweise JIRA (siehe [ATJIRA]) es anbietet. Ohne großen Aufwand sehen sie, was wann ausgeführt wurde und welche Aktionen demnächst geplant sind. Dies ermöglicht zum einen eine bessere Ressourcenplanung (Engpass- und Konflikterkennung) für anstehende Rollouts und auch eine Gegenüberstellung mit wichtigen Terminen, an denen vielleicht besser keine Änderungen durchgeführt werden sollten (z. B. Pitches oder Feiertage). Zum anderen können Sie bei mysteriösen Supportrequests wie „Seit dem 26. Mai sind die Zahlen irgendwie komisch!" einen Blick in die Vergangenheit werfen und schnell Zusammenhänge erkennen, z. B. „25. Mai Reporting Module Bugfix Rollout".

Rollout-Instruktionen: Single Source of Truth

Vereinbaren Sie eine zentrale Stelle (z. B. Wiki), auf der die zu deployende Version und die Instruktionen dazu offiziell gepflegt werden. Alle Beteiligten (Engineering, Rollout-Personal etc.) müssen unmittelbaren Zugriff darauf haben. In Rollout-Tickets sollte immer auf diesen einen Platz verwiesen werden. Damit halten Sie die Rollout-Tickets kurz, und Last-Minute-Änderungen werden nicht übersehen.

Rollen Sie öfter mal was aus

Übung macht den Meister. Wer nur alle 6–12 Monate ausrollt, steht jedes Mal wie der berühmte Ochs vorm Berg und hat die Erkenntnisse vom letzten Mal komplett vergessen – allein der Schrecken ist in Erinnerung geblieben. Schlimmstenfalls sind sogar die beteiligten Personen mittlerweile nicht mehr verfügbar.

Alle paar Wochen zu deployen verringert den Umfang und erhöht die Routine. Beide Maßnahmen stärken die Zuversicht. Auf diese Weise haben Sie auch öfter die Gelegenheit, den Anwenderinnen und Anwendern etwas Gutes zu tun, indem Sie Verbesserungen zeitnah herausbringen.

Roll-Forward Over Rollback

Ein Roll-Forward (Problem behoben, neues Feature in Produktion) wird immer positiver wahrgenommen als ein Rollback („Scheitern"). Ein Fehler, der innerhalb des geplanten Rolloutzeitfensters behoben wird, hat meist keine „politischen" Außenwirkungen. Nach einem Rollback müssen Sie hingegen ein neues Rollout ansetzen – mit allem dazugehörigen Overhead.

Machen Sie Ihre Entwicklungsinfrastruktur (Buildserver etc.) pfeilschnell, sodass Sie bei Bedarf ohne große Wartezeit einen Patch releasen können.

Canary Release

In Kohlegruben lauert seit jeher ein gefährlicher Feind: giftiges Gas bzw. Sauerstoffmangel. Gasdetektoren gab es zu Hochzeiten des Bergbaus noch nicht, sodass man sich mit Kleintieren, allen voran dem Kanarienvogel behalf. Gab der kleine Freund seinen Geist auf, war es an der Zeit zu flüchten (siehe auch http://www.kanarien-online.de/06_Bergbau.html).

Canary Releases sind eine Technik, ein neues oder geändertes Feature nur einem Teil aller Personen zugänglich zu machen bzw. nur auf einen Teil aller Requests anzuwenden. Wie beim Kanarienvogel erhält man so die Chance, auf Probleme zu reagieren, bevor es zum Äußersten kommt.

Der Einsatz von Canary Releases kann ganz unterschiedlich motiviert sein, z. B.:

- Finden Nutzerinnen und Nutzer Gefallen an einem neuen Feature?
- Ändert sich das Nutzungsverhalten in unerwarteter oder gar schädlicher Weise?
- Kann das System die Last bewältigen?
- Kann ein extern angebundenes System die Last verarbeiten?
- Hat der neue Algorithmus in der Prozesskette Nebenwirkungen?

Gezielte A/B-Tests (z. B. zwei Versionen einer Webseite) sind ein Spezialfall aus dem Marketing, bei dem gezielt Gruppen von Usern gebildet und unterschiedlich behandelt werden.

Jede Form von Canary Release erfordert die Auswahl des Verfahrens anhand von Kriterien. Hierbei kann man zwei verschiedene Herangehensweisen unterscheiden:

- Metadaten-basiert: Requests werden anhand bestimmter Eigenschaften für den Test ausgewählt.
  - Ausgewählte User
  - Vordefinierte Benutzergruppe
  - Uhrzeit, Browser, Sprache, Geo-Lokation etc.
  - Persönliche Entscheidung (Opt-In/Opt-Out)
- Zufällig: Hierbei wird eine rein technische Auswahl getroffen, um einen bestimmten Anteil der Requests (bzw. Datensätze) an das zu evaluierende Verfahren zu senden.
  - Weighted-Random: Geht es ausschließlich um Volumen ohne Anspruch auf Wiederholbarkeit, ist eine gewichtete Zufallsentscheidung (z. B. `random(1.0) < 0.3 ~ 30 %` aller Anfragen) völlig ausreichend.
  - Consistent Hashing: Meist ist Wiederholbarkeit gewünscht. Beim Test eines neuen Features auf einer Webseite sollte eine bestimmte Person entweder zur Testgruppe gehören oder eben nicht – konsistent, auch wenn sie mehrfach vorbeikommt. Dies erreicht man durch die Bildung einer Hashfunktion über die identifizierenden Merkmale eines Datensatzes (z. B. `hash(USER_ID) mod 100 < 20 ~ 20 %` aller Nutzerinnen und Nutzer). Die Hashfunktion muss dabei mit Bedacht gewählt werden, damit eine gute Verteilung erreicht wird. Kryptografische Funktionen (MD5, SHA1) sind zwar aufwändiger zu berechnen (CPU), dafür garantieren sie Gleichverteilung (vgl. Abschn. 8.3).

Reales Beispiel: Atlassian (atlassian.com) hat 2017 einschneidende Änderungen an der Benutzeroberfläche seiner Collaboration-Software Confluence durchgeführt. Diese Änderung wurde zunächst nur ausgewählten Personen (mit der Möglichkeit zum temporären Opt-Out) zugänglich gemacht. Wie sich anhand heftiger Reaktionen (siehe [ATCFLD]) zeigte, stieß das neue Bedienkonzept bei einigen Anwenderinnen und Anwendern auf Abneigung. Das Feedback führte zu einer nochmaligen Überarbeitung.

Canary Releases sind nicht auf Enduser-Features beschränkt, sondern können beispielsweise in der Massendatenverarbeitung eingesetzt werden, um die Konsequenzen einer Änderung zu erkennen, bevor ein größerer wirtschaftlicher Schaden entsteht. Ein Bias (Verzerrung, systematischer Fehler) kann oft nicht mit herkömmlichen Integrationstests im kleinen Maßstab erkannt werden.

Reales Beispiel: Ein deutlich schnelleres Verfahren zur Sample-Bildung basierte auf einer neuen Datenbankselektion. Alle Tests liefen problemlos durch. Erst in Produktion mit sehr großen Datenmengen trat ein fataler Fehler zu Tage: Die gewählte Datenbankfunktion lieferte gar keine ausreichend randomisierte Selektion, sondern bevorzugte länger existierende Datensätze gegenüber später geladenen. Dies wiederum führte an völlig anderer Stelle zu einer Verzerrung der berechneten Verteilung. Aufgefallen ist das erst im Reporting. Glücklicherweise konnte das Problem erkannt und beseitigt werden, bevor das Feature für alle Regionen aktiviert wurde.

Feature Toggles

Der Ansatz „Feature Toggles" beschreibt einen Schalter-Mechanismus, mit dem sich neue Features gezielt in beschränktem Umfang aktivieren lassen. Ein Feature kann dabei eine neue Funktionalität, eine geänderte Darstellungsform oder eine Verhaltensänderung sein, die nicht sofort oder nicht „für alle" mit dem Rollout sichtbar werden soll (vgl. Canary Release). Mit einem Feature Toggle können sie zudem den Zeitpunkt der Aktivierung vom Prozess des Rollouts trennen. Das ist nützlich, wenn unterschiedliches Personal (fachliche Überwachung) oder Zeitzonen im Spiel sind. Sie können das Feature einschalten, wenn die Bedingungen ideal sind, ohne an den Zeitplan des Rollouts gebunden zu sein.

Die vielfältigen Einsatzmöglichkeiten von Feature Toggles sind in [CONDEV2] und besonders detailliert von Pete Hodgson [FTGLS] beschrieben worden. Im Folgenden finden Sie die wichtigsten Gruppen:

• Release Toggles: Damit kann Code „abgeschaltet" in Produktion gehen, der noch nicht getestet ist oder dessen Nebenwirkungen mit Testdaten nicht abschließend geklärt werden konnten. Eine gezielte Freischaltung (siehe Canary Release) erlaubt, die Folgen zu kontrollieren bzw. Konsequenzen zu beschränken.

- Experiment Toggles: Diese Form des Toggles ist eng mit dem Begriff des Canary Release verwandt. Anders als beim Release Toggle steht das gezielte Experiment mit einer Gruppe oder einer Teilmenge im Vordergrund, für die ein abweichender Verarbeitungsprozess getriggert wird.
- Ops Toggle: Anders als bei Release und Experiment Toggles stehen hier technische Aspekte im Vordergrund. Um das System zu schützen (z. B. Überlast) werden Features schrittweise aktiviert. Notfalls kann die Inbetriebnahme sehr schnell zurückgenommen werden.
- Permission Toggle: Wiederum in engem Bezug zum Canary Release steht das Permission Toggle. Basierend auf Metadaten (z. B. nur bestimmte Personengruppen) wird ermittelt, ob das Feature ein- oder ausgeschaltet sein soll.
- Coordination Toggle: Wenn eine Schnittstelle zwischen zwei Modulen geändert wird und zwei Teams mit ggf. leicht verschobenem Release-Zyklus betroffen sind (oder ein extern angebundenes System), kann ein Coordination Toggle die richtige Wahl sein. Erst wenn beide Rollouts gelaufen sind und geprüft wurden, wird das Coordination Toggle aktiviert, um auf die neue Schnittstelle zu wechseln. Ein Spezialfall ist das Migration Toggle, bei dem die Datenbank bzw. nachgelagerte Prozesse eine Migration erfordern, die Zeit kostet oder nicht ad hoc vollumfänglich möglich ist. Das kann unangenehme Verzögerungen im Rollout zur Folge haben oder sehr umständliche Verfahren, Datenkopien und Korrekturläufe nach sich ziehen. Ein Feature Toggle gibt Ihnen die Möglichkeit, Migration und Aktivierung zu koordinieren, beispielsweise Markt für Markt.

Während Feature Toggles technisch sehr einfach umzusetzen sind, stellen sie eine Herausforderung an Ihre Organisation dar. Diese Schalter sind sehr nützlich und mächtig, bergen aber auch

Risiken. Im Folgenden haben wir einige Tipps und Warnungen zum sicheren Umgang mit Feature Toggles für Sie zusammengetragen.

- Ein Feature Toggle hat einen Lebenszyklus. Dieser beginnt und endet in der Dokumentation. Wir empfehlen Ihnen, dem Thema eine zentrale Wiki-Seite zu widmen und deren Pflege obligatorisch zu machen. Eine Tabelle wie die folgende leistet dabei gute Dienste.

Toggle Name	Verant-wortlich	Teams	Abhän-gigkeiten	Seit	Status	Zweck
export_ epoch. kws-234	Fritz Lang	Golem, Franken-stein		7.2.4	voll ak-tiviert, überall aus Code ent-fernt mit 7.2.5 **eliminieren mit 7.3.0**	Wenn ak-tiviert, werden epoch statt millis ex-portiert
use_ gzip. kws-317	Gustav Fröhlich	Franken-stein		7.2.5	für einige Mandanten aktiv, warte auf Feed-back von Cyberdyne	Wenn akti-viert, wird gz erzeugt statt raw
enable_ archive. kws-318	Brigitte Helm	Rotwang	use_ gzip. kws-317	7.2.6	Testbetrieb	Wenn aktiv, werden Exporte in Quasimodo archiviert, nur möglich mit gzip!

Ein Toggle beginnt mit einem Namen in dieser Übersicht, bevor es in irgendeinem Code oder einer Konfiguration auftaucht. Es kann aus der Dokumentation erst entfernt werden, wenn es aus dem Code und der Konfiguration entfernt wurde. Abhängigkeiten von Toggles zu anderen Toggles sollten auf ein Minimum reduziert werden. Listen Sie alle Teams (oder

Module) auf, die das Toggle nutzen, sonst wird die Entfernung später schwierig.

- Implementieren Sie **einen** technischen Toggle-Mechanismus oder einigen Sie sich auf **eine** bestimmte Bibliothek (z. B. https://www.togglz.org/) und machen Sie diese unter allen Entwicklerinnen und Entwicklern bekannt.

- Die Granularität (z. B. Konfiguration pro Markt) ist eine spannende Frage. Wir empfehlen, die möglichen Level und damit die Komplexität einfach zu halten. Es mag dann unangenehme Randfälle geben, in denen Sie lieber feiner toggeln würden. Dafür steigt aber die Übersichtlichkeit und damit die Sicherheit der Toggle-Konfiguration. Achten Sie darauf, dass Ihre Toggle-Settings einen Wildcard (z. B. „ * ") für „Alle" unterstützt. Das ist gegen Ende des Lebenszyklus eines Toggles eine enorme Hilfe!

- Stellen Sie sicher, dass das Toggle und nicht nur sein einmal abgefragter Wert (true/false) bis zur Bedingung (Codezeile) gelangt.

- Feature Toggles sollen nicht von Methode zu Methode „durchgereicht" werden, weil dies viele Schnittstellenänderungen und damit Nachtests bei der Einführung und Entfernung nach sich ziehen würde. Patterns wie → Dependency Injection (Abschn. 6.5) oder ein Kontext können Ihnen dabei helfen, eine „Interface-Verschmutzung" zu vermeiden.

- Ist es unglücklicherweise erforderlich, den Zustand eines Toggles an mehreren Stellen einer Verarbeitungskette auszuwerten, müssen Sie eventuell durch gezieltes Anhalten von Komponenten für Konsistenz sorgen, um logische Fehler im Ablauf zu vermeiden.

- Ihr Toggle-Mechanismus sollte dynamisches Nachladen der Konfiguration unterstützen. Gerade wenn mehrere Komponenten betroffen sind, vermeiden Sie so umständliche Restart-Kaskaden.

- Für einen Zweck darf es nur ein Toggle geben. Sind mehrere Teams beteiligt, sollte ein Team das Toggle anlegen und bekannt geben (verantwortlich führen).

- Toggles sollten so früh wie möglich diskutiert werden. Wenn Sie SCRUM-like entwickeln, gehört dies zum Grooming.

- Falls Sie ein Ticket-System bzw. Stories verwenden, machen Sie eine Ticketnummer zum Namensbestandteil des Toggles (oben z. B. kws-317). Dies erleichtert es, Zusammenhänge zu rekonstruieren, wenn doch einmal etwas aus dem Ruder gelaufen ist.
- Das Ziel eines Feature Toggles ist die Aktivierung (OFF → ON). Es gibt keine Toggles, die ON beginnen und dann auf OFF reduziert werden.
- Ein Feature Toggle hat keinen durchgängigen Default. Zu Beginn ist der Default natürlich OFF. Am Ende ist der Default aber ON! Je nachdem, was für ein Toggle Sie betrachten (z. B. Migration Toggle), muss das System unbedingt angehalten werden, wenn der Feature Toggle Mechanismus selbst eine Fehlfunktion hat, weil keine Default-Entscheidung möglich ist.
- Feature Toggles sind **nicht** „yet another configuration element". Sollte sich herausstellen, dass es gar nicht um Inbetriebnahme mit dem Ziel „ON" geht, dann ist es kein Toggle und sollte in eine normale Konfigurationseinstellung überführt werden. Eine Ausnahme stellt das Experiment Toggle dar.
- Halten Sie Toggles so kurzlebig wie möglich. Langlebige Toggles sind immer ein Zeichen von mangelnder Software-Strategie oder fehlender Code-Pflege. Entweder das Toggle ist überall aktiv, und es wurde nur vergessen es zu entfernen, oder es handelt sich um eine Option, die in die reguläre Konfiguration Ihrer Software überführt werden sollte.
- In zeitlichen Abständen sollte ein Toggle-Review stattfinden, um Probleme mit vergessenen oder schlampig geführten Toggles zu identifizieren und zu adressieren.
- Die Konfiguration von Feature Toggles stellt einen „Mikro-Rollout" dar. Die Folgen können verzögert auftreten und erheblich sein. Falls Sie einen Rollout-Kalender führen, sollten Toggle-Aktivierungen dort aufgeführt werden.
- Es kann sich als Nachteil erweisen, dass Feature Toggles Rollout und Aktivierung zeitlich entkoppeln, weil dadurch eine neue „Aktivierungsverantwortlichkeit" geschaffen wird, die sich nicht von allein erledigt! Klären Sie frühzeitig die Frage, wer die Aktivierung leiten soll.

Zuletzt noch eine Warnung: Der Einsatz von Feature Toggles stellt immer eine Codeverunreinigung dar. Zusätzliche Bedingungen machen den Code komplexer, schwerer lesbar und behindern Tests. Leider zeigt unsere Erfahrung, dass Toggles ein Gefühl von falscher Sicherheit erzeugen können, was zu inflationärem Gebrauch führt. Spätestens, wenn Sie eine geschachtelte Toggle-Kombination im Code sehen, haben Sie ein Problem.

Automatisieren? – Automatisieren!

Für manche Unternehmen ist Continuous Delivery derzeit kein Thema und wird es vielleicht auch niemals sein. Dies ist eine höchst individuelle Entscheidung, die viele Stakeholder betrifft. Ein pauschales „richtig" oder „falsch" gibt es hier nicht.

Trotzdem lohnt es sich auch bei klassischen (Turnus-basierten) Deployments, möglichst viele Schritte zu automatisieren. Es geht dabei nicht gleich darum, vom Buildserver in die Produktion zu deployen. Vielmehr sollten Sie versuchen, die manuellen Schritte beim Deployment Ihrer Artefakte zu eliminieren. Mit Werkzeugen wie z. B. Ansible können Sie bei klassischen Artefakten bleiben aber deren Rollout deutlich beschleunigen.

Falls Sie derzeit das Urmodell im Einsatz haben, bei dem QA-zertifizierte Artefakte mit umfangreichen Instruktionen an ein Rollout-Team ausgehändigt werden, um deployt zu werden, erscheinen die Hürden und die damit verbundenen Kosten zunächst sehr hoch. Sätze wie „Da muss man jemanden für R&D abstellen, bestimmt 1,5 Monate Arbeit!" wirken eher abschreckend auf die entscheidenden Personen.

Hier finden Sie ein paar Argumente, es dennoch zu versuchen:

- In einem Unternehmen ohne Automatisierungserfahrung kann sich fast jeder im Entwicklungsteam des Themas annehmen, auch ein ganz neues Mitglied. Damit sinken die Kosten.
- Die Arbeit ist gut abgegrenzt und testbar.
- Automatisierung ist ein äußerst dankbares Thema: Recht schnell gelingt es, Stakeholder zu verblüffen und zu zeigen, dass wirklich Zeit gespart werden kann. Das wiederum wirkt positiv auf die Motivation.

- Ist erst einmal ein Teil des Deployments automatisiert und „stressreduziert", beschleunigt sich der Automatisierungsprozess von selbst, weil andere Teams gerne den existierenden Beispielen folgen.
- Auf dem Weg zur Automatisierung muss über die Außensicht der einen oder anderen Komponente noch einmal nachgedacht werden. Dies führt folgerichtig zu einheitlicherem Design und ggf. Templates. Es ergibt sich so die Chance, historisch gewachsene Seltsamkeiten zu eliminieren, für die es vorher nie „Refactoring-Zeit" gab.

Monitoring

Wenn Sie einen professionellen Zoo von Komponenten betreiben wollen, brauchen Sie irgendeine Form von Monitoring, die über das morgendliche „mal gucken" hinaus geht. Richtig aufgesetzt können Komponenten neben externen Werten (CPU, Memory, isAlive-calls, …) auch interne KPIs liefern (z. B. „valid request count" vs. „invalid request count"), sofern solche zuvor implementiert wurden. Die Monitoring-Lösung kann dann alle Daten konsolidieren, aggregieren und visualisieren sowie Alerts versenden.

Ob Sie zur Sammlung, Auswertung und Visualisierung der Monitoring-Daten eine Open-Source-Kette (z. B. ELK, logstash + StatsD/elastic search + grafana/Kibana) oder ein kommerzielles Produkt (z. B. Splunk, Datadog) einsetzen möchten, hängt von der Größe Ihrer Anwendung und letztlich vom Budget ab. Je nach Umgebung bekommen Sie auch schon Lösungen *out-of-the-box*, die Sie nur anbinden müssen.

Wichtig ist, von Anfang an eine Strategie zu entwickeln.

- **Eine** Monitoring-Lösung: vermeiden Sie ein Cockpit-Sammelsurium.
- **Eine** Alerting-Strategie: Email-Adressen gehören nicht in Komponenten-Konfigurationen! 😐

- Bei der Entwicklung neuer Komponenten sollte früh über das spätere Monitoring gesprochen werden. Wenn Sie SCRUM-like entwickeln, gehört dieser Aspekt ins Grooming.

- Entwicklerinnen und Entwickler betreiben keine Systeme, aber sie sollten die Software kennen und Ideen entwickeln, wie man den Gesundheitszustand messen kann. Betriebsführende „TechOps" hingegen können basierend auf Monitoring-Daten Dashboards und Alerts anlegen, aber Sie können schlecht herausfinden, worauf es eigentlich ankommt. Ohne aktive (wiederholte, routinemäßige) Zusammenarbeit zwischen den beiden Gruppen ist ein qualitativ gutes Monitoring unmöglich. Weder sollen Betriebsführende auf stoisches Lampengucken beschränkt werden, noch sollen Entwicklungsteams „irgend-was" über den virtuellen Zaun werfen (andere werden es schon monitoren).

- Monitoring hat eine fiese direkte Verquickung mit dem Business. Wenn durch einen neuen oder veränderten Geschäftsvorfall das Datenvolumen beeinflusst wird, kommt es im besten Fall zur Rücksprache mit der Entwicklung („Geht das?"), aber typischerweise nur dann, wenn das Volumen steigt. Wenn in der Folge Alerts gefeuert werden, weil das Volumen in einigen Subsystemen stark vom bisherigen Normwert abweicht, kann es Unschuldige treffen, die in Nachtarbeit nach Problemen fahnden, die es gar nicht gibt. Wenn Sie SCRUM-like ent-wickeln, sollte der Product Owner Business-Entscheidungen früh kommunizieren, damit man sich auf den „Einschlag" vor-bereiten kann.

Housekeeping

Wann immer Sie eine Komponente entwickeln, die etwas produ-ziert wie (temporäre) Dateien, Datenbankeinträge oder Logs, ma-chen Sie sich früh Gedanken, wie wann aufzuräumen ist. Wir haben mehrfach in größeren und kleineren Projekten beobachtet, was passiert, wenn dieses Thema „auf später" verschoben wird. Datenbanken werden unerklärlich langsam, Dateisysteme laufen voll. Schlimmstenfalls kommen ganze Prozessketten zur Unzeit zum Stillstand. Wer immer gerade Notdienst hat, muss dann ganz schnell Entscheidungen treffen. Wird dabei „das Falsche" entsorgt, hat man so praktischerweise auch gleich einen Schuldigen bzw. eine Schuldige. Das muss nicht sein! Unsere Erfahrung zeigt, dass durch eine frühzeitige Planung der Datenbereinigung und die Definition von Haltefristen für bestimmte Daten nicht nur unnötige Katastrophen vermieden werden können. Auch auf die Betriebskosten kann geplantes Housekeeping einen positiven Effekt haben. Sie können gutes Geld sparen, wenn Sie Daten in Filestores „cold" archivieren, statt sie in indizierten Datastores „warm" zu halten. Das Gleiche gilt für nicht mehr benötigte Dateien, die Sie wegwerfen, statt immer mehr Platz dafür zu allokieren. Bedenken Sie, dass zur Erhöhung der Ausfallsicherheit häufig auch noch redundante Kopien Ihrer Datastores existieren. Unnötigen „Müll" bezahlen Sie womöglich doppelt und dreifach!

Support Ticket vs. Bug Ticket

Sobald Ihre Software in die „Produktionsatmosphäre" eintritt, wird es ernst. Nicht alles wird glattlaufen. Es empfiehlt sich daher, ein Ticketsystem (z. B. Jira) mit einem geeigneten Workflow zur organisierten Erfassung von Beschwerden und Wünschen einzurichten.

Ein Support-Ticket kann von jeder Person erstellt werden, die ein Problem mit der Software oder einen Vorschlag hat. Solche Tickets können fast beliebig unspezifisch sein. Da der Ersteller oder die Erstellerin nicht unbedingt technisches Verständnis besitzt, ist (außer Beleidigungen) alles erlaubt. Sie können die Qualität von Support-Tickets verbessern, indem Sie normierte Eingabemöglichkeiten für die Umgebung (wo besteht das Problem?) und ggf. weitere Merkmale (z. B. Region, Browser) vorsehen. Bei der anschließenden Bearbeitung eines Support-Tickets wird das Problem bestenfalls gelöst. Es kann aber auch ein Fehler (Bug) oder ein Wunsch identifiziert werden (Story).

Die Erstellung eines Bug-Tickets bedeutet, dass jemand eine Voranalyse einer Beschwerde durchgeführt hat und eine begründete Vermutung hat, wo das Problem liegt. Im Optimalfall sind Vorschläge zu seiner weiteren Analyse oder sogar Beseitigung enthalten. Falls Sie SCRUM-like arbeiten, sollte ein Mitglied des jeweiligen Teams involviert sein, in dessen Backlog der Bug landen soll. Bleiben Sie sachlich, und versuchen Sie zur Klärung beizutragen. Vermeiden Sie, jemandem ein Bug-Ticket „reinzuknallen". Es kann die Zusammenarbeit dauerhaft belasten, falls Ihre Vermutung falsch oder unangemessen formuliert ist.

Nutzen Sie die Verlinkung von Tickets, sobald Sie Zusammenhänge erkennen oder vermuten, damit bei der weiteren Analyse Doppelarbeit vermieden werden kann.

Ein Bug-Ticket gehört zu **einem** Bug. Vermeiden Sie das „Mitfixen" anderer Probleme oder gar Refactorings im Rahmen eines Bugs, weil dies zu Intransparenz führt und neue Fehlerquellen eröffnen kann.

Support-Tickets haben meistens einen anderen und größeren Leserkreis als Bug-Tickets oder Stories. Dies erfordert ein gewisses Maß an Zurückhaltung bei der Formulierung (z. B. „Leider sind einige Daten verloren gegangen." statt „Seit zwei Monaten läuft da praktisch alles in den Gully.").

Patterns – Wie geht es weiter?

10

10.1 Patterns erleichtern Wissenstransfer

Mit den Patterns aus diesem kleinen Buch können Sie hoffentlich Ihre eigenen Software-Entwürfe oder Implementierungen an einigen Stellen verbessern. Noch wichtiger erscheint uns jedoch die langfristige (neudeutsch: *strategische*) Verwendung von Patterns zum Wissenstransfer, der deutlich über das Thema Software-Entwurf hinauswirkt.

Viele Menschen mit signifikanter IT-Erfahrung aus aller Welt haben in den letzten Jahren ihre Erfahrungen aus unterschiedlichen Bereichen der Informationstechnik in Form von Patterns aufgeschrieben. Die meisten wollten damit ihre spezifischen Erfahrungen, ihr Wissen bzw. Können *kodifizieren*, um es so ihren Leserinnen und Lesern (also möglicherweise auch Ihnen!) zugänglich zu machen.

Leider bietet dieses Buch nur für eine kleine Auswahl dieser Patterns Platz – wir möchten Ihnen zumindest einige andere Bereiche vorstellen, in denen Sie Wissen und Erfahrungen in Pattern-Form in publizierter Form finden können. In diesem Sinne verstehen Sie die folgenden Absätze bitte als eine Art *kommentierte Literaturliste*, die Ihnen als Anregung für weitere Beschäftigung mit den spannenden und interessanten Themen dienen soll.

© Springer-Verlag GmbH Deutschland, ein Teil von Springer Nature 2024
K. Eilebrecht, G. Starke, *Patterns kompakt*, IT kompakt, https://doi.org/10.1007/978-3-658-43234-8_10

Entwicklungsprozesse sowie Organisation von IT-Projekten

Wie handhaben Sie Ihren Entwicklungsprozess? Wie viel Flexibilität und wie viel Vorschrift sind für Ihre Projekte und Ihre Organisation angemessen? Wie stellen Sie ein effizientes Team auf, und wie organisieren Sie dessen Aufgabenplanung? Diese und andere Fragen beantworten folgende Bücher:

- Robert Martin: Agile Software Development. Principles, Patterns, and Practices. Prentice Hall, 2003. *Uncle Bob*, wie er in der Szene heißt, gibt hier praktische Ratschläge, wie das berühmte *Agile Manifesto* in der Praxis umzusetzen ist. Daneben erläutert er viele der klassischen Entwurfsmuster mit einprägsamen (Code-)Beispielen.
- Alistair Cockburn: Crystal Clear – A Human Powered Methodology for Small Teams. Addison Wesley, 2005. Cockburn nennt es Methode – ich (Gernot Starke) sehe seine wertvollen Ratschläge als Handlungs- oder Erfolgsmuster für kleine bis mittelgroße Projekte an.
- Tom DeMarco, Peter Hruschka und andere von der Atlantic Systems Guild haben mit *Adrenalin-Junkies und Formular-Zombies* (Hanser Verlag 2008) ein anekdotisches und lesenswertes Buch mit ca. 90 Patterns über typisches Verhalten in Projekten verfasst. Das Buch hat 2009 den Jolt-Award gewonnen.
- In eine ähnliche Richtung geht der „Knigge für Softwarearchitekten" (von Gernot Starke und Peter Hruschka, Entwickler-Press, 3. Auflage 2018) – auch darin finden Sie Muster in Form von kurzen „Geschichten".

Patterns für Analyse und Requirements Engineering

- Martin Fowler: Analysis Patterns. Addison-Wesley, 1996 (online unter https://www.martinfowler.com/). Anforderungen erfassen und modellieren, das so genannte Requirements Engineering, bildet eine wichtige Voraussetzung für erfolgreiche

Systeme. Martin Fowler stellt in diesem zeitlosen Buch sowie auf den ergänzenden Webseiten eine Reihe häufig wiederkehrender Situationen vor, etwa Mengen- oder Zeitangaben, Rollenkonzepte und so weiter.

- Ein weiteres Muster aus diesem Bereich haben wir Ihnen in → Schablonendokumentation (Abschn. 9.6) bereits vorgestellt: das Volere-Schema zur Erfassung und Dokumentation von Anforderungen, online unter https://www.volere.org/, beziehungsweise dessen leichtere Variante REQ42, online unter https://req42.de.

Grundlegende Aspekte des Entwurfs

- William Lidwell, Kritina Holden, Jill Butler: Universal Principles of Design. Rockport, 2003. Ein faszinierendes Buch, auf das uns Grady Booch aufmerksam gemacht hat: 100 universelle Muster rund um das Thema *Entwurf*: Die 80/20-Regel, Anordnung (Alignment), Konsistenz, *Garbage In – Garbage Out* und der Goldene Schnitt, das sind nur einige der Muster. Das Buch wurde ausdrücklich nicht (nur) für Software-Leute geschrieben. Beeindruckende visuelle Aufbereitung der Muster!

Softwarearchitektur (allgemein)

Neben den klassischen Architekturmustern wie Layers, Pipes-and-Filters, Client-Server sowie Blackboard [POSA] finden Sie mittlerweile in der Literatur vielfältige Muster und Entwurfsvorschläge für vielerlei Aspekte von Software- und Systemarchitekturen. Eine kleine Auswahl:

- Gregor Hohpe, Bobby Woolf: Enterprise Integration Patterns – Designing, Building and Deploying Messaging Solutions. Addison-Wesley 2004. Wer auch nur im Entferntesten mit nachrichten- oder ereignisorientierten Systemen zu tun hat, sollte dieses Buch gelesen und verstanden haben! Systematisch und ausführlich stellen Autoren die wesentlichen

Integrationsstile vor, erläutern in Pattern-Form Messaging Systeme, Kanäle, Nachrichtenarten, Routing, Transformation, zusammengesetzte Nachrichten und Systemmanagement.

- Frank Buschmann, Kevlin Henney und Doug Schmidt: [POSA-4] Pattern-Oriented Software Architecture. Der vierte Band der POSA-Reihe: A Pattern Language for Distributed Computing. Sehr schöne Übersicht, die Autoren zeigen die Anwendung vieler typischer Muster an einem praktischen Beispiel auf.

- Michael Kircher, Prashant Jain: Patterns for Resource Management. Wiley, 2004. Ressourcen in IT-Systemen zeichnen insbesondere für deren Performance und Laufzeitverhalten verantwortlich. Hier finden Sie Muster zu Ressourcenbeschaffung, ihrem Lebenszyklus und ihrer Freigabe.

- Frank Buschmann, Regine Meunier, Hans Rohnert, Peter Sommerlad, Michael Stal: A System of Patterns – Pattern-Oriented Software Architecture. Wiley, 1996. Die klassischen Architekturmuster: Schichten, Pipes und Filter, Broker, Model-View-Controller und andere *Strukturen-im-Großen*.

- Douglas Schmidt, Michael Stal, Hans Rohnert, Frank Buschmann: Patterns for Concurrent and Networked Objects, Wiley 2000. Zu Parallelität, Synchronisierung, Ereignisbehandlung und Vernetzung zeigen die Autoren hilfreiche Lösungsmuster.

Spezielle Themen der Softwarearchitektur

Microservices

- Chris Richardson: Microservice Patterns. Manning, 2018 (siehe https://www.manning.com/books/microservices-patterns). Viele davon online auf https://microservices.io/.

- Eberhard Wolf: Das Microservice Praxisbuch, dpunkt-Verlag 2018. Siehe https://microservices-praxisbuch.de/. Eine Sammlung von Rezepten (also fast Patterns) rund um die Implementierung von Microservices.

- Amazon Prime Tech Video Case Study: https://www.primevideotech.com/video-streaming/scaling-up-the-prime-video-audio-video-monitoring-service-and-reducing-costs-by-90: Eine Studie zu den Nachteilen von Microservices im Betrieb, die nachdenklich macht.

Stabilität und Verfügbarkeit („Resilience")

- Michael Nygard: Release It (Pragmatic Bookshelf, 2. Auflage 2018). Michael führt anhand konkreter Fallbeispiele die so genannten „Stability Patterns" ein, wie etwa CircuitBreaker (entspricht einer Sicherung in einem elektrischen Stromkreis), das Bulkhead (entspricht den Schotten in einem Schiff) und andere – die der Stabilisierung bestehender Systeme dienen – und helfen, diese Systeme auch unter hoher Last verfügbar zu halten. Interessant: Diese Muster hat der Streaming-Dienst Netflix als OpenSource Bibliothek (Hystrix) implementiert – und Netflix hat höchste Skalierbarkeit, Verfügbarkeit und Ausfallsicherheit wirklich im Griff!
- In diversen Vorträgen und Artikeln hat Uwe Friedrichsen das Thema „Resilience" aufgearbeitet – leider gibt's dazu noch kein griffiges Buch – eine Kurzfassung gibt's unter https://de.slideshare.net/ufried/patterns-of-resilience.

Security

Vorsicht: Informations- oder Datensicherheit ist ein riesiges Gebiet – das auch Muster nur grob anreißen können. Wenn Sie sicherheitskritische Systeme entwerfen oder bauen, fragen Sie Experten um Rat – und implementieren Sie möglichst niemals selbst kryptografische Algorithmen! Lassen Sie am besten auch die Finger von „home-grown" Authentifizierungs- oder Autorisierungslösungen: aus „einfach und cool" wird schneller „unübersichtlich, löchrig und lahm" als Sie glauben.

- Der Forscher Koen Yscout hat über 100 Patterns rund um Informationssicherheit dokumentiert – kostenfrei unter https://people.cs.kuleuven.be/~koen.yskout/icse15/catalog.pdf verfügbar.
- Markus Schumacher hat 2005 bei Wiley die „Security Patterns" (Integrating Security and Systems Engineering) veröffentlicht, sein Kollege Eduardo Fernandez-Buglioni hat 2013 im gleichen Verlag die „Security Patterns in Practice: Designing Secure Architectures Using Software Patterns" nachgelegt.

- Ein neutraler Einstieg in Sicherheit und Patterns könnte das „Open Web Application Security" Projekt sein, kurz OWASP. Siehe https://www.owasp.org

Re-Engineering oder Evolution

Wenn der Code eines Programmsystems bereits seit langer Zeit durch Wartungen, Erweiterungen oder *Hotfixes* gedreht, gewendet und gequält wurde, verliert er dabei oftmals seine *Struktur-im-Großen*. Re-Engineering beschäftigt sich damit, bestehenden Code zu verstehen und zielorientiert anzupassen oder grundlegend aufzuräumen.

- Serge Demeyer, Stéphane Ducasse, Oskar Nierstrasz: Object-Oriented Reengineering Patterns. Morgan Kaufmann, 2003. Zeitlose Hinweise, wie Sie unbekannten Code schnell verstehen können – und entgegen dem Titel durchaus für nicht objektorientierte Systeme anwendbar. Das Buch ist mittlerweile „out-of-print", aber als kostenfreier Download verfügbar: https://www.oscar.nierstrasz.org/files/oorp/OORP-2013-11-27.pdf.
- Die „Architecture Improvement Method" stellt open-source unter https://aim42.org fast 100 „good-practices" vor, die sich mit der Verbesserung, Modernisierung oder Evolution bestehender Systeme beschäftigen.

Dokumentation

Die → Schablonendokumentation (Abschn. 9.6) haben wir Ihnen in diesem Buch ja bereits vorgestellt – einige weitere Muster-Hilfen für erfolgreiche Dokumentation finden Sie hier:

- https://docs.arc42.org: Hilfestellungen und Tipps für den Einsatz von arc42 zur Kommunikation von Softwarearchitekturen.
- Gretchen Hargis, Michelle Carey et al.: Developing Quality Technical Information. IBM Press, Pearson 2004. Genauigkeit, Vollständigkeit, Klarheit, Orientierung an den Kernauf-

gaben, Konkretheit, Stil, Organisation und visuelle Effektivität sind die Kernmuster dieses Buches. Empfehlenswert für Autorinnen und Autoren umfänglicher Dokumentation.

Testen

Testen als konstruktive Maßnahme zur Qualitätssteigerung ist fester Bestandteil der Softwareentwicklung geworden.

- Gerard Meszaros: xUnit Test Patterns: Refactoring Test Code. Addison-Wesley, 2007. Ein echter Schatz unter den codelastigen IT-Büchern: Meszaros beschreibt in Muster-Form, wie Sie Ihre automatischen Tests verbessern – und gleichzeitig damit auch Ihre Systeme flexibler gestalten können. Sehr umfangreich, teilweise schwer verdaulich, aber unserer Meinung nach absolut empfehlenswert.

Eine Internet-Recherche zu Ihrem aktuellen Thema wird Ihnen sicherlich noch eine Vielzahl weiterer Quellen zu Patterns liefern. Wir haben Muster eingesetzt, um Konferenzen zu organisieren oder unsere Qualitätssicherung zu optimieren – erprobte Lösungsmuster oder -vorschläge können in praktisch allen Lebens- oder Projektsituationen helfen.

Wenn Ihre eigenen Lieblings- oder Erfolgsmuster in dieser Liste noch nicht auftauchen, freuen wir uns sehr über Ihre Vorschläge.

10.2   Patterns im AI-Zeitalter?

Generative AI basierend auf Large Language Models (LLMs) erfasst seit 2023 lawinenartig alle Lebens- und vor allem Arbeitsbereiche. Wie wird sich das auf die Bedeutung und die Nutzung von Patterns auswirken? Es könnte dazu kommen, dass generative AI basierend auf natürlich-sprachlichen Anfragen (Prompts) die Welt der höheren Programmiersprachen hinwegfegt. Damit wären auch die meisten hier vorgestellten Patterns obsolet.

Undenkbar? Ein Blick zurück in die Geschichte der Computer-programmierung zeigt, dass neu eingeführte höhere Abstraktio-nen zunächst meist auf Skepsis oder Ablehnung stoßen. Der er-zeugte Code sei hässlich oder nicht genug optimiert, oder der handgeschriebene Code sei dem generierten immer überlegen. Das war beim Übergang von der Assembler-Programmierung zu Hochsprachen so; die Einführung von Java und erst recht die JVM bildeten da keine Ausnahme. Bis auf Randbereiche hat sich dann auf längere Sicht immer die höhere Abstraktion als die bessere Option durchgesetzt.

Wir denken aus einem anderen Grund, dass uns sowohl höhere Programmiersprachen wie auch Patterns noch lange Zeit erhalten bleiben: Natürlichen Sprachen fehlt schlicht die nötige Präzision. Denken Sie nur einmal daran, wie lange intelligente Menschen in einem Entwicklungsprojekt aneinander vorbeireden können, bevor auch nur ansatzweise etwas Nützliches dabei herauskommt.

Für sehr wahrscheinlich halten wir, dass intelligente Tools uns zukünftig wesentlich stärker in frühen Phasen der Softwareent-wicklung unterstützen werden. Beim Entwurf werden sie Vor-schläge unterbreiten und Alternativen bewerten. Bei der Realisie-rung werden AI-basierte Systeme auf strukturelle Schwächen hin-weisen oder ganze Entwürfe simulieren und vergleichen. Bei der Analyse werden Sie uns viel Zeit sparen, weil sie uns erklären können, welche Zuständigkeiten ein Modul hat bzw. seit welchem Commit es gar nicht mehr aufgerufen wird. Ein nutzlos ge-wordenes Pattern, das nur unnötig die Komplexität erhöht, wird uns die AI zur Entfernung vorschlagen und das nötige Refactoring übernehmen.

Allerdings bedarf es für den Dialog zwischen Mensch und AI eine präzise Ausdrucksform. Diese Rolle könnten die Patterns übernehmen. Möglicherweise werden Entwurfsmuster zukünftig in erster Linie eine Designsprache sein, die uns erlaubt, einen prä-zisen Prompt für eine AI zu formulieren bzw., die es der AI er-laubt, uns etwas zu erläutern.

Deswegen sind wir uns sicher, dass Patterns auch zukünftig ihre wichtige Rolle in der Softwareentwicklung behalten werden.

Literatur

[Alexander] Alexander, C.: The Timeless Way of Building. Oxford University Press, Oxford (1979)

[arc42] arc42 – Ressourcen für Softwarearchitektur-Interessierte. Online verfügbar unter https://www.arc42.de/

[ATJIRA] Atlassian Jira, https://de.atlassian.com/software/jira

[ATCFLD] Atlassion Community, „What just happened to Confluence Cloud?", https://community.atlassian.com/t5/Confluence-discussions/What-just-happened-to-Confluence-Cloud/td-p/622890

[Bien] Bien, A.: J2EE Patterns – Entwurfsmuster für die J2EE. Addison-Wesley (2002). Mittlerweile sind viele dieser Muster überholt – unter http://realworldpatterns.com/ gibt Adam Bien aktuellere Informationen im Licht von CDI und JEE

[CONDEV1] Jez Humble, David Farley: Continuous Delivery. Addison-Wesley, 2011.

[CONDEV2] Eberhard Wolff: Continuous Delivery – Der pragmatische Einstieg. dpunkt.verlag, April 2016.

[Duell] Duell, Michael: „Non-Software Examples of Design Patterns". Object Magazine July 1997. ISSN 1055-3614. Gibt zu vielen Patterns Beispiele aus dem täglichen Leben.

[Duffy] : Concurrent Programming on Windows. Addison-Wesley (2008)

[Eckel] Eckel, B.: https://www.mindviewllc.com/. Autor hervorragender Bücher wie „Thinking in Java" in der 4. Auflage. Ebenfalls lesenswert ist „Thinking in Patterns"

[EJB31PFD] EJB 3.1 Expert Group, Sun Microsystems: Enterprise JavaBeans, Version 3.1 (JSR 318), EJB Core Contracts and Requirements (Final Release, November 2009). Online verfügbar unter https://download.oracle.com/otn-pub/jcp/ejb-3.1-fr-eval-oth-JSpec/ejb-3_1-fr-spec.pdf

[EKL2011] Eklund, D.: What the Heck are Algebraic Data Types? https://merrigrove.blogspot.de/2011/12/another-introduction-to-algebraic-data.html

© Springer-Verlag GmbH Deutschland, ein Teil von Springer Nature 2024
K. Eilebrecht, G. Starke, *Patterns kompakt*, IT kompakt, https://doi.org/10.1007/978-3-658-43234-8

[Fielding] Roy Thomas Fielding: Architectural Styles and the Design of Network-based Software Architectures, University of California, Irvine, 2000 (Dissertation, Kapitel 5.2.1.1 [REST] Resources and Resource Identifiers). Online verfügbar unter https://www.ics.uci.edu/~fielding/pubs/dissertation/rest_arch_style.htm#sec_5_2_1_1.

[Fowler] Fowler, M.: Patterns of Enterprise Application Architecture. Addison-Wesley (2002)

[Fowler-2] https://www.martinfowler.com/articles/injection.html: Inversion of Control und Dependency Injection (2004)

[Fowler-3] FeatureBranch, https://martinfowler.com/bliki/FeatureBranch.html

[FTGLS] Pete Hodgson: Feature Toggles, https://martinfowler.com/articles/feature-toggles.html

[Ganns] Ganns, J.: WCF und DataTransferObjects in Zeiten von LINQ und Co. dot.net Magazin 07, 49ff. (2009)

[GoF] Gamma, E., Helm, R., Johnson, R., Vlissides, J.: Design Patterns – Elements of Reusable Object-Oriented Software. Addison-Wesley (1995). (Deutsche Übersetzung 1996 von Dirk Riehle).

[GHPLR] github: About pull Requests, https://help.github.com/articles/about-pull-requests/

[Hillside] https://www.hillside.net/. Die Heimat der Pattern-Gemeinde im Internet. Unter anderem finden Sie auf Hillside die Verweise auf die Pattern-Konferenzen (PloP, EuroPloP, ChiliPloP)

[HoJa] Holubek, A., Jansen, R. (Hrsg.), Munsky, R., Wolff, E.: Java Persistenz-Strategien – Datenzugriff in Enterprise-Anwendungen: JDO, JCA, Enterprise JavaBeans, JDBC, XML. Software & Support Verlag, Frankfurt (2004)

[Hunt11] Hunt, C., Binu, J.: Java Performance. Addison-Wesley (2011)

[INNOQ] Wie man mit DRY, YAGNI und SOLID ein Systemdesign ruiniert – INNOQ Technology Lunch 2020, Video online verfügbar: https://www.youtube.com/watch?v=j1rS8mGFHRg

[JABA] Albahari, J., Albahari, B.: LINQ – kurz & gut. O'Reilly, Köln (2008)

[JLS3] Gosling, J., Joy, B., Steele, G., Bracha, G.: The Java Language Specification, Third Edition. Addison-Wesley (2005). Online verfügbar: https://docs.oracle.com/javase/specs/

[Karwin] Karwin, B.: SQL Antipatterns. The Pragmatic Programmers, LLC (Mai 2010)

[KemEi] Kemper, A., Eickler, A.: Datenbanksysteme – Eine Einführung. 3. korr. Auflage. Oldenbourg, München(1999)

[LangLo] Lang, S.M., Lockemann, P.C.: Datenbankeinsatz. Springer, Heidelberg (1995)

[LangKreft] Langer, A., Kreft, K.: Java Core Programmierung: Memory Model und Garbage Collection. entwickler.Press, Frankfurt (2011)

[LangKreft2] Langer, A., Kreft, K.: Das Java-Memory-Modell im Überblick, Java Magazin, August 2008. Online verfügbar: http://www.angelikalanger.com/Articles/EffectiveJava/38.JMM-Overview/38.JMM-Overview.html.

[Larman] Larman, C.: Applying UML and Patterns. 2nd edn. Prentice Hall, Upper Saddle River (NJ, USA) (2002)

[LavSch] Lavender, R.G., Schmidt, D.C.: Active Object – An Object Behavioral Pattern for Concurrent Programming. Online verfügbar: https://www.dre.vanderbilt.edu/~schmidt/PDF/Act-Obj.pdf

[LOGST] logstash, https://www.elastic.co/products/logstash

[Marinescu] Marinescu, F.: EJB Design Patterns. Wiley, Hoboken (NJ, USA) (2002).

[Martin] Martin, R.C.: Agile Software Development: Principles, Patterns and Practices. Addison-Wesley (2002)

[Martin2] Martin, R.C.: Clean Code – Refactoring, Patterns, Testen und Techniken für sauberen Code. mitp, Frechen (2009)

[Meyer] Meyer, B.: Object-Oriented Software Construction. Prentice Hall International, Upper Saddle River (NJ, USA) (1997)

[Meszaros] Gerard Meszaros: xUnit Test Patterns: Refactoring Test Code. Addison-Wesley (2007).

[MHHS] Hennig, M., Seeberger, H.: Einführung in den „Extension Point"-Mechanismus von Eclipse. JavaSPEKTRUM 1/2008. Online verfügbar: https://www.sigs-datacom.de/uploads/tx_dmjournals/hennig_seeberger_JS_01_08.pdf.

[MIL55] Miller, G.A.: The Magical Number Seven, Plus or Minus Two – Some Limits on Our Capacity for Processing Information. Harvard University, Philadelphia on April 15, 1955. Online verfügbar: https://pure.mpg.de/rest/items/item_2364276_4/component/file_2364275/content

[MSDN1] DiLascia, Paul: Singleton Class Private Constructor, C# Singleton Class, and More. MSDN Magazin, Februar 2003. Online verfügbar: https://learn.microsoft.com/en-us/archive/msdn-magazine/2003/february/singleton-class-private-constructor-csharp-singleton-class

[NCHEN] Chen, Nicholas: Convention Over Configuration, 2006. Online (archiviert): https://web.archive.org/web/20210729181711/https://softwareengineering.vazexqi.com/files/pattern.html

[Osmani] Osmani, A.: Essential JavaScript Design Patterns. Freie Online-Version unter: https://addyosmani.com/resources/essentialjsdesignpatterns/book/

[Panas71] Parnas, D. L.: Information distribution aspects of design methodology. Tech. Rept., Depart. Computer Science, Carnegie Mellon U., Pittsburgh, Pa., 1971. Online verfügbar: https://cseweb.ucsd.edu/~wgg/CSE218/Parnas-IFIP71-information-distribution.PDF

[Panas72] Parnas, D. L.: On the Criteria To Be Used in Decomposing Systems into Modules, Carnegie Mellon University 1972. Online verfügbar: https://www.win.tue.nl/~wstomv/edu/2ip30/references/criteria_for_modularization.pdf

[PK] Webseite zum Buch mit Code-Beispielen: https://www.patterns-kompakt.de

[PKC1] Eilebrecht, Karl, About estimating the expected number of collisions. Online verfügbar: https://github.com/KarlEilebrecht/patterns-kompakt-code/blob/main/src/main/java/de/calamanari/pk/muhai/collider/collisionExpectation.md

[PloPD3] Martin, R., Vlissides, J., Buschmann, F.: Pattern Languages of Program Design 3, Vol. 3. Addison-Wesley (1997)

[POSA] Buschmann, F., Meunier, R., Rohnert, H., Sommerlad, P., Stal, M.: Pattern-Oriented Software Architecture: A System of Patterns. Wiley (1996)

[POSA-2] Schmidt, D., Stal, M., Rohnert, H., Buschmann, F.: Pattern-Oriented Software Architecture: Patterns for Concurrent and Networked Objects. Wiley, Hoboken (NJ, USA) (2000)

[POSA-4] Buschmann, F., Henney, K., Schmidt, D.C.: Pattern-Oriented Software Architecture: A Pattern Language for Distributed Computing. Wiley, Hoboken (NJ, USA) (2007)

[Rechtin] Rechtin, E., Maier, M.: The Art of System Architecture. Addison-Wesley (1999)

[Riel] Riel, A.J.: Object-Oriented Design Heuristics. Addison-Wesley (1996)

[Shalloway-Trott] Shalloway, A., Trott, J.R.: Design Patterns Explained – A New Perspective on Object-Oriented Design. Addision-Wesley (2002).

[Siedersleben] Siedersleben, J.: Moderne Software Architekturen: Umsichtig planen, robust bauen mit Quasar. dpunkt.verlag, Heidelberg (2004)

[Silverston] Silverston, L.: The Data Model Resource Book – Revised Edition, vol. 1. A Library of Universal Data Models for All Enterprises. Wiley, Hoboken (NJ, USA) (2001)

[StaHru] Starke, G., Hruschka, P.: arc42 in Aktion. Praktische Tipps zur Architekturdokumentation. Carl Hanser Verlag, 2016. Vieles davon auch (in englischer Sprache) zu finden unter https://docs.arc42.org

[SteMa] Stelting, S., Maassen, O.: Applied Java Patterns. A hands-on guide to design patterns for Java platform developers. Prentice-Hall, Upper Saddle River (NJ, USA) (2002)

[SUN] Alur, D., Crupi, J., Malks, D.: Core J2EE Patterns: Best Practices and Design Strategies. Prentice Hall, Upper Saddle River (NJ, USA) (2001). Der (ursprüngliche) J2EE-Pattern-Katalog der Sun Java Center J2EE™-Architekten.

[Tilkov] Tilkov, S.: REST und HTTP: Einsatz der Architektur des Web für Integrationsszenarien. 2. Auflage, dpunkt-Verlag, Heidelberg (2011)

[Troelson] Troelson, A.: Pro C# 2008 and the .NET 3.5 Platform – Exploring the .NET universe using curly brackets. 4th edn. apress, New York City (USA) (2007)

[Völter] Völter, M.: A Catalog of Patterns for Program Generation. Online verfügbar: https://www.voelter.de/data/pub/ProgramGeneration.pdf

[Volere] Volere – Requirements Resources. Vorlagen für Anforderungsanalyse. Online verfügbar: https://www.volere.org/

[Wiest] Wiest, S.: Continuous Integration mit Hudson. dpunkt-Verlag, Heidelberg (2011)

Stichwortverzeichnis

© Springer-Verlag GmbH Deutschland, ein Teil von Springer
Nature 2024
K. Eilebrecht, G. Starke, *Patterns kompakt*, IT kompakt,
https://doi.org/10.1007/978-3-658-43234-8

Printed in the United States
by Baker & Taylor Publisher Services